中国国家资产负债表2020

李 扬 张晓晶 等著

中国社会科学出版社

图书在版编目（CIP）数据

中国国家资产负债表.2020 / 李扬等著.—北京：中国社会科学出版社，
2020.12（2024.4重印）

ISBN 978 – 7 – 5203 – 7627 – 3

Ⅰ.①中…　Ⅱ.①李…　Ⅲ.①资金平衡表—中国—2020
Ⅳ.①F231.1

中国版本图书馆 CIP 数据核字（2020）第 262743 号

出 版 人	赵剑英
责任编辑	王　衡
责任校对	朱妍洁
责任印制	王　超

出　　版	中国社会科学出版社
社　　址	北京鼓楼西大街甲 158 号
邮　　编	100720
网　　址	http://www.csspw.cn
发 行 部	010 – 84083685
门 市 部	010 – 84029450
经　　销	新华书店及其他书店

印刷装订	北京君升印刷有限公司
版　　次	2020 年 12 月第 1 版
印　　次	2024 年 4 月第 3 次印刷

开　　本	710 × 1000　1/16
印　　张	14
字　　数	223 千字
定　　价	78.00 元

目　　录

图 目 录

表 目 录

1

主报告：21 世纪中国经济的"存量赶超"

　　21 世纪的前 20 年非常不平凡：经历了世纪初的互联网泡沫破灭，2008 年的国际金融危机，2018 年开始的中美贸易摩擦，以及 2019 年年底暴发的新冠肺炎疫情。但这些并没有能够阻挡中国经济前进的步伐。自 2001 年加入 WTO，中国经济进入了新一轮快速增长的周期[①]；面对国际金融危机以及百年不遇的疫情冲击，中国经济均实现了率先复苏。这 20 年，中国经济不仅增长业绩突出，财富积累也表现不凡，甚至是以更快的速度进行着。

　　这里重点关注 21 世纪以来（而不是更长的时间跨度）中国经济的发展，一方面是因为恰恰在这段时间，中国的经济赶超有了质的飞跃——经济总量一跃成为世界第二；另一方面也是囿于我们关于国家资产负债表的编制。自 2011 年开始这项工作以来，截至本书出版，我们编制了 2000—2019 年共计 20 年的中国国家资产负债表数据。通过这些数据，我们可以"摸清家底"，从存量的角度把握这 20 年中国经济发展的成就、存在的问题以及改进的方向。

　　2020 年"两会"期间，官方渠道公布，"最新的资产负债表表明，我国的总资产已经超过 1300 万亿元"。一石激起千层浪。1300 万亿元一出，马上就有好事者算出中国人均资产为 93 万元，并纷纷表示"被平均"。后国家统计局以《社会总资产不等于家庭总财富》作出回应，并直接引用我们的成果《中国国家资产负债表 2018》中的数据来加以说明[②]。这一方面表明，全社会对于国民财富以及与之相关的国家资产

[①]　21 世纪第一个 10 年，是 GDP 增长最快的 10 年，年均增速超过了 10%。

[②]　参见 http：//www. stats. gov. cn/tjsj/sjjd/202005/t20200531_ 1753240. html。

负债表数据（或国家大账本）都非常关注；另一方面表明，我们团队自 2011 年开始坚持多年的国家资产负债表编制与研究工作获得了社会的认可，为经济决策与国家治理提供了可靠的数据支撑。

回到 1300 万亿元总资产，有两点需要说明：其一，这是 2017 年的数据。其二，这里的 1300 万亿元是总资产，其中包含了负债；如果算净资产，则要低得多。

时隔半年，我们更新了国家资产负债表数据。根据最新估算，中国社会总资产已经由 2017 年的接近 1400 万亿元，上升到 2019 年的 1655.6 万亿元。考虑到 2019 年的社会总负债达到 980.1 万亿元，则社会净财富为 675.5 万亿元，人均社会净财富约为 48.2 万元。其中居民部门财富为 512.6 万亿元，居民人均财富约为 36.6 万元。

经过 20 年的发展，中国 GDP 已经由 2000 年的 10 万亿元，攀升到 2019 年的接近 100 万亿元[①]；而财富存量由 2000 年的不到 39 万亿元，上升到 2019 年的 675.5 万亿元。2000—2019 年，中国名义 GDP 的复合年均增速为 12.8%，社会净财富的复合年均增速为 16.2%。财富增速快于名义 GDP 增速（更快于实际 GDP 增速）。由于 GDP 是流量指标，财富是存量指标，从这个意义上，中国经济的"流量赶超"已经让位于"存量赶超"。

下面我们将通过 20 年跨度的国家资产负债表数据，展示 21 世纪中国经济的"存量赶超"。

1.1 财富规模演进

社会净财富由于不含负债，因此是真正意义上的一国财富（"国富"）。所谓的"国富"比较，大都以社会净财富作为基准。就 20 年的时间跨度来看，中国财富规模大幅增长，充分反映出改革开放的巨大

---

① 根据国家统计局统计年报、财政部财政决算和有关部门年度财务资料等，国家统计局对 2019 年中国国内生产总值（GDP）数据进行了最终核实。经最终核实，2019 年中国 GDP 现价总量为 986515 亿元（人民币，下同），比初步核算数减少了 4350 亿元；按不变价格计算，比上年增长 6.0%，比初步核算数下降 0.1 个百分点。

成就。

从社会净财富由国内非金融资产和对外净资产的构成来看（见图 1 - 1）：国内非金融资产由 2000 年的 38.4 万亿元，上升到 2019 年的 661.9 万亿元；国内非金融资产是社会净财富的主体，2019 年占比高达 98%。对外净资产由 2000 年的 0.48 万亿元，上升到 2019 年的 13.6 万亿元；对外净资产为正且具有一定的规模，意味着就全球而言，中国是净储蓄的提供者。

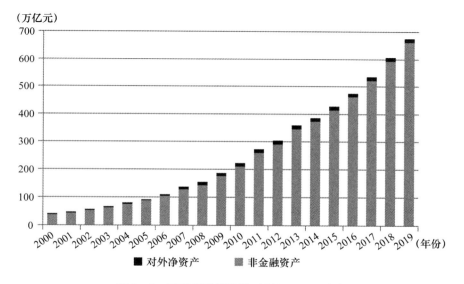

（万亿元）

图 1 - 1 财富规模的演进（2000—2019 年）
资料来源：国家资产负债表研究中心（CNBS）。

从社会净财富由政府部门净资产与居民部门净资产的构成来看（见图 1 - 2 和图 1 - 3）：广义政府净资产由 2000 年的 8 万亿元，上升到 2009 年的 40 万亿元，由 2015 年的刚刚超过 100 万亿元，到 2019 年的 162.8 万亿元；居民部门净资产由 2000 年的 30.6 万亿元，上升到 2007 年的 100 万亿元，2011 年的 200 万亿元，2014 年的近 300 万亿元，2017 年的 400 万亿元，直至 2019 年的 512.6 万亿元①。

———————————

① 加总结果有出入，是因为小数点后四舍五入的问题。

（万亿元）

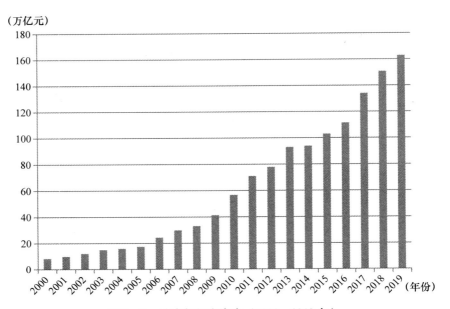

图1-2 政府部门净资产（2000—2019年）

资料来源：国家资产负债表研究中心（CNBS）。

（万亿元）

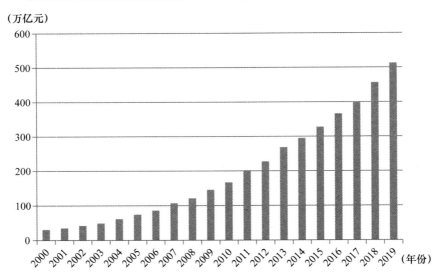

图1-3 居民部门净资产（2000—2019年）

资料来源：国家资产负债表研究中心（CNBS）。

1.2 中美财富比较

　　财富相较 GDP，在衡量一国综合实力方面无疑更具代表性。因此，越来越多的研究也将国际竞争置于财富比较之上。事实上，最初的财富估算和研究（如配第的"政治算术"）也主要是出于国家间竞争（甚至是战争）的需要。正因为如此，财富角度的国际比较在大国竞争时代具有更为重要的参考价值。

　　鉴于数据的可获得性，本书以 2018 年的数据作比较（中国的数据已经更新到 2019 年）。社会净财富和 GDP 排全球前四位的国家分别是美国、中国、日本和德国。其中，中国的 GDP 占美国的 65%，社会净财富占美国的 80%。并且，中国的社会净财富超过紧随其后的日、德、法、英四国之和，但中国的 GDP 则略低于后四国之和。这表明中国经济在存量赶超方面更为突出！

表 1-1　　　　社会净财富与 GDP 的国际比较（2018 年年底）　　单位：亿美元

	美国	中国	日本	德国
社会净财富	1102087	885595	299074	230935
GDP	206119	133944	48442	38451
	法国	英国	加拿大	澳大利亚
社会净财富	178250	132878	86379	83759
GDP	27044	27323	16299	13392

　　注：①除澳大利亚外均为 2018 年年底的数据。澳大利亚较为特殊，国家资产负债表以每年 6 月 1 日为核算期末，列报为 2019 年 6 月数据。后文国际比较部分，如不作特殊说明，都为这一时间。②根据国际标准，各国汇率采用 2018 年期末汇率，具体数值为美元兑人民币（6.86）、美元兑日元（109.7）、欧元兑美元（1.15）、英镑兑美元（1.28）、澳元兑美元（0.70）、美元兑加元（1.36），下同。

　　资料来源：各国统计部门公布的国家资产负债表及 ECB 公布的各国金融资产负债表，GDP 为名义值。为简化起见，后文数据中凡涉及各国资产负债表的均不再单独标识数据来源。

由图 1-4 可知，在 21 世纪第一个 10 年，中国 GDP 占美国 GDP 的比重，一直高于中国财富占美国财富的比重；但 2009 年之后，这一情况发生逆转，中国财富占美国财富的比重一直高于中国 GDP 占美国 GDP 的比重。这从数据角度印证了这样一个判断："我们正在进入财富时代、资产负债时代。从国际比较看，如果说过去 30 年主要是流量赶超的话，那么现在已进入存量赶超的时代。"①

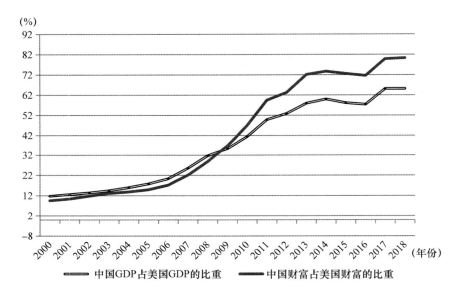

图 1-4 流量赶超让位于存量赶超

资料来源：国家资产负债表研究中心（CNBS）。

中国相对于美国的存量赶超，除了经济快速增长加上高储蓄、高投资，也包含价值重估因素。后者除了一般资产价格变动，还有人民币汇率变动。2005 年 7 月汇改以来，直到 2015 年 7 月，10 年间人民币相对美元的较大幅度升值（美元兑人民币的汇率从 2005 年 6 月的 8.27，升值到 2015 年 7 月的 6.12，见图 1-5），是造成中国财富占美国财富的比重较快上升的重要因素。

---

① 韩文秀：《中国经济的存量与流量》，载吴敬琏、刘鹤、樊纲、易纲、吴晓灵、许善达、蔡昉主编《中国经济新常态与政策取向》，中国经济出版社 2015 年版。

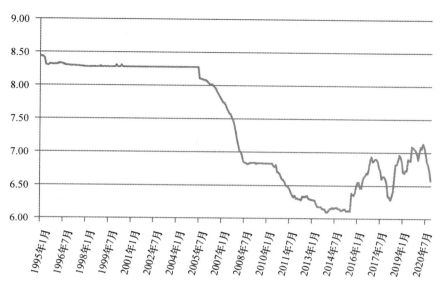

图 1-5　美元兑人民币汇率

资料来源：Wind 数据库。

　　考虑到各国国家资产负债表统计口径不完全一致，在进行财富国际比较的时候要非常谨慎。仅就中美情况而言，两国间的财富比较就面临非金融资产特别是土地资产处理方法不一致的问题。具体来说，美国在国家资产负债表估算当中，将居民及非营利机构部门、非金融企业部门持有的建筑物与土地价值合并计算未做拆分。但在处理金融部门、联邦政府部门和州政府部门时，鉴于数据的可获得性，美国方面选择了只计算地面建筑物价值而忽略了土地价值①。也就是说，在上文的国际比较中，美国的社会净财富未包含政府部门的土地价值，而中国包含了土地价值（主要是国有建设用地价值）。从可比性角度，如果我们将国有建设用地价值扣除（2018 年为 31.5 万亿元，约合 4.6 万亿美元），那么，2018 年中国的财富规模将缩减为 84 万亿美元，占美国财富的比重由原来的80%，下降为 76%。

---

　　① 关于以上估算范围和方法的问题可进一步参考美国 BEA 公布的 Wasshausen（2011）和 Bond 等（2007）的相关论文。

作为一种参考比对，这里也展示一下皮凯蒂团队在 WID 数据库中估算的中美财富情况。按照这一数据，中国财富占美国财富的比重在 2015 年就已经达到 76%；并且这一占比是从 2000 年的 1/4 左右上升到 2015 年的 3/4 左右（见表 1-2）。需要注意的是，皮凯蒂在估算了各国净财富的名义水平后又通过一个缩减指数将其还原为不变价格下的资产负债表，同时其估算范围也与 SNA2008 存在一定差距，这些都是造成 WID 数据与我们的估算结果①存在差异的主要原因。

表 1-2 皮凯蒂估算中美净财富比较

	2000 年	2005 年	2010 年	2015 年
中国（亿欧元）	156619.6	255823.8	419399.1	655314.2
美国（亿欧元）	618556.7	765674.6	667245.7	862640.8
中国占美国的比重（%）	25.3	33.4	62.9	76.0

资料来源：World Inequality Database，https：//wid. world。

皮凯蒂团队主要还是基于国家资产负债表方法进行的财富估算。除此之外，还有其他视角的财富比较。例如，Arrow 等②基于自然资本、人力资本、再生资本以及石油资本收益变动与碳排放损失作为财富构成所做的研究表明，2000 年，中美财富分别为 19.40 万亿美元与 84.89 万亿美元，中国财富占美国财富的比重为 22.9%，这和皮凯蒂团队的研究结果（25.3%）比较接近。而世界银行③基于自然资本、生成资本与城市用地、无形资本以及国际投资净头寸作为财富构成所做的研究结果显示，2005 年中美财富分别为 25.09 万亿美元与 217.62 万亿美元，中国财富占美比重为 11.5%，这与我们的估算结果（15.0%）较为接近，而与皮凯蒂的结果（33.4%）有很大差距。

---

① 根据我们的估算，2015 年中国财富占美国财富的比重为 72.6%。

② Arrow, K., Dasgupta, P., Goulder, L., Mumford, K., and Oleson, K., "Sustainability and the Measurement of Wealth", NBER Working Paper No. 16599, 2010.

③ World Bank, *The Changing Wealth of Nations：Measuring Sustainable Development in the New Millennium*, Washington D. C.：World Bank, 2011.

还有就是联合国环境规划署（UNEP）等倡导的包容性财富（inclusive wealth）的估算。包容性财富基本上沿着 Arrow 当初的思路，且持续推出研究报告（不过目前也只估算到 2014 年）。以包容性财富来衡量，自 1990 年以来，中国财富占美国财富的比重一直在 60% 以上，且上升态势并不十分明显（见表 1 - 3）。这表明，从可持续发展角度来看，自 1990 年以来，中美差距并未大大缩小；这对中国而言或是一种警示。

将国家资产负债表方法与包容性财富方法进行比较，后者突出自然资本、人力资本和"可持续性"，强调代际福利和未来，与国家资产负债表方法强调资产负债平衡及风险应对有较大不同。而且，包容性财富（如自然资本）估算难以获得非常可靠的统计数据，不得不依赖于较为复杂的估算程序（如影子价格的估算）；而国家资产负债表作为国民经济核算体系的一个重要组成部分，统计体系本身更加成熟，且在四式记账法下，资产与负债之间相互参照，可信度要强得多。

表 1 - 3　　　　　　　　　　中美包容性财富比较

	1990 年	1995 年	2000 年	2005 年	2010 年	2014 年
中国（10 亿美元）	34176	37795	41374	45731	52592	60253
美国（10 亿美元）	54549	59962	67699	76021	83540	88166
中国占美国的比重（%）	62.7	63.0	61.1	60.2	63.0	68.3

注：2005 年不变价国际元。

资料来源：Managi, Shunsuke and Pushpam Kumar, *Inclusive Wealth Report* 2018：*Measuring Progress towards Sustainability*, Routledge, New York, 2018.

上述分析表明：第一，关于财富的估算还没有一个统一的标准；相对而言，国家资产负债表方法更加可靠，接受度也更高。第二，财富估算方法取决于考察的视角。包容性财富估算以及其他方法，是对国家资产负债表方法的一个补充，这使得我们利用后者进行财富比较的时候，也要保持一个谨慎的态度。例如，对中国财富占美国财富的比重上升很快这样一个事实要慎重对待，因为包容性财富视角下中美财富之比其实并没有发生很大的变化。

尽管如此，以财富来衡量的中国综合国力处于世界第二位，而且比GDP所显示的更接近美国的实力，总体上是站得住脚的。不过，考虑到中国人口差不多是美国的4.3倍，因此，尽管从全社会角度，中国财富占美国的80%（扣除土地价值，占比为76%），但从人均角度看，中国财富占美国财富的比重还不到20%。

进一步分析，特别是从资源配置效率与未来发展潜力角度看，中国的财富数据远不如总量指标显示的那样乐观。

第一，"僵尸企业"与地方隐性债务问题。由于数据的可获得性，这个问题还未能在资产负债表中得到充分的反映。尽管部分地方隐性债务如融资平台债务已在企业部门中得到体现，但其他形式的地方隐性债务则没有被纳入。"僵尸企业"并非中国独有（如OECD国家有专门对"僵尸企业"的估算），但这个问题在中国更为严重。因此，如果考虑"僵尸企业"与地方隐性债务，那么，中国的社会净财富将进一步缩水。

第二，财富质量问题。可以从多个维度来比较财富质量。如住房，在中国可能只能支撑20年，发达经济体可能会是50年甚至100年。因此，估算中国的住房价值，折旧就要比发达经济体高。基础设施存量价值或其他资本存量的估算也存在类似的问题。有人估算中国的住房存量价值非常高，一个重要的原因就是没有认真考虑折旧；或者即使考虑了，但折旧率的选择有问题。还有就是财富的流动性和变现能力问题。由于中国金融市场发育程度低于美国，对各类商品及资产的国际定价权有限。在面临危机时，财富变现能力低于美国。例如，中国政府的大量对外净财富是以美国国债的形式持有，而这部分财富的最终变现尚依赖于美国政府和金融体系的配合。

第三，财富效率问题。财富存量是产生收入流量的基础。财富收入比越高，单位财富所产生的收入越低，产出效率相对越低。中国社会净财富与GDP之比自2000年的350%上升到2018年的613%，折射出财富效率的较快下降。尽管发达经济体的财富收入比也呈上升态势（反映出财富效率下降是共性），但中国财富收入比的增速是最快的，从而财富效率下降也最为明显（见图1-6）。

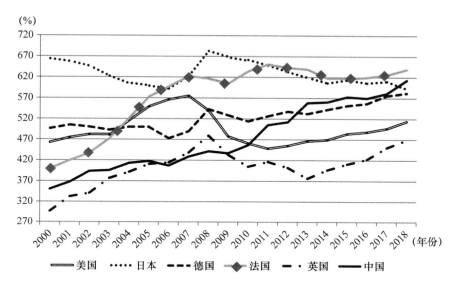

图 1-6 社会净资产/GDP 的国际比较

资料来源：中国数据来自国家资产负债表研究中心（CNBS）；其他国家数据来自各国资产负债表。

1.3 财富积累

2000—2019 年，中国社会净财富复合年均增速为 16.2%；2019 年是 2000 年的 17.4 倍；2000—2019 年名义 GDP 的复合年均增速为 12.8%，2019 年是 2000 年的 9.9 倍。中国近 20 年来社会净财富增速高于名义 GDP 增速。

图 1-7 展示了各主要经济体财富增速与名义 GDP 增速的对比情况。有两点发现：其一，从基本趋势上看，财富增长的波动与 GDP 相似，体现出存流量的一致性，也从侧面反映出基于国家资产负债表的财富估算是比较可靠的。其二，总体而言，财富增速高于 GDP 增速，而中国尤为明显。表 1-4 显示，除日本外，其他国家财富增速均高于名义 GDP 增速。

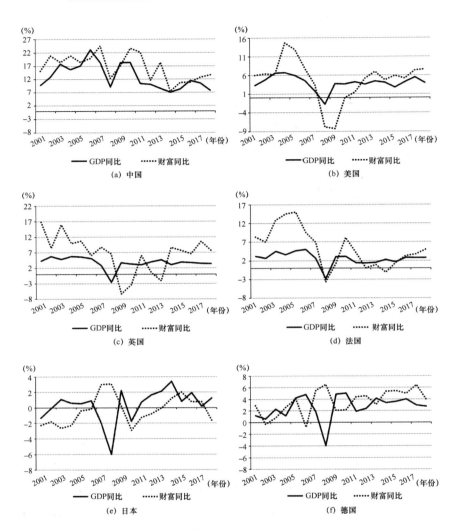

图 1-7　各国财富增速与 GDP 增速的对比

资料来源：中国数据来自国家资产负债表研究中心（CNBS）；其他国家数据来自各国资产负债表。

表 1-4　　财富增速与 GDP 增速（2001—2018 年平均）　　单位：%

	中国	美国	英国	法国	日本	德国
财富增速	16.6	4.8	6.6	5.4	-0.3	3.5
GDP 增速	13.0	4.0	3.8	2.6	0.3	2.6

中国社会净财富相对于 GDP 以更快的速度增长，主要来自于两方面的贡献：较高的储蓄率和价值重估效应。较高的储蓄率直接对应较高的固定资本形成率，各部门的固定资本形成带来了非金融资产的每期增量。在每期的总产出中，消费占比相对较小，而投资占比相对较大，促进了中国财富总量的更快增长。财富总量上涨的另一个因素是价值重估过程——土地增值、股票、房地产价格上涨等因素均促进了存量资产的市场价值上升。

第一，中国具有相对更高的储蓄率。中国的总储蓄率（Gross Saving）长期保持在 40%—50%，2018 年为 44.6%；而美国的总储蓄率不及中国的一半，2018 年仅为 18.6%。除中国外，各主要经济体的储蓄率大体处于 30% 以下水平（见图 1−8）。储蓄率决定了中国与其他主要发达经济体之间的资本积累速度不同。近 20 年来，中国的资本形成率年平均为 40% 左右，也就是说，总产出中有将近四成比例通过投资形成了财富积累，而发达经济体的产出则大多用于消费，新增资本积累的比例较小。

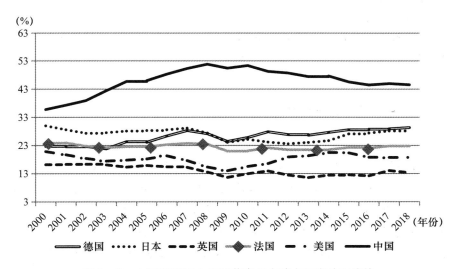

图 1−8 中国储蓄率水平显著高于全球主要发达经济体

资料来源：世界银行 WDI 数据库。

第二，价值重估对财富增长的贡献率逐渐下降。价值重估可以解释中国财富的增长，但它并不是中国财富增长与发达经济体产生差异的主因①；中国以远远高于发达经济体的资本形成（主要源于高储蓄的支撑），才导致了财富的更快积累（见表1-5）。而且，在财富增长的贡献中，中国的价值重估效应相对于资本形成效应也呈现不断下降的态势。

表1-5　　各主要经济体财富积累的分解：资本形成与价值重估　　单位：%

国家		美国	中国	日本	德国	英国	法国
2001—2006年	财富平均增速	10.2	28.0	-1.2	1.6	12.2	14.8
	其中：资本形成	4.6	16.4	3.7	1.0	6.9	3.8
	价值重估	5.6	11.6	-4.9	0.6	5.3	11.0
2007—2012年	财富平均增速	-0.6	25.3	-0.3	3.7	0.5	1.7
	其中：资本形成	2.9	16.5	3.6	2.2	4.1	2.5
	价值重估	-3.5	8.8	-4.0	1.6	-3.6	-0.8
2013—2018年	财富平均增速	5.8	11.5	0.5	4.8	8.0	2.1
	其中：资本形成	3.9	9.2	4.0	2.2	4.9	2.4
	价值重估	1.9	2.7	-3.4	2.7	3.0	-0.2

注：各阶段的第一行为非金融资产的年均增速，之后两行为对此年均增量的分解，分别为资金流量和价值重估的贡献比例。

资料来源：中国数据来自国家资产负债表研究中心（CNBS）；其他国家数据来自各国资产负债表。

1.4　财富分配

2019年，中国675.5万亿元的社会净财富中，居民部门财富为512.6万亿元，占比为76%；政府部门财富为162.8万亿元，占比为24%。从时间序列来看，居民财富占比呈现波动，2000—2005年呈上升态势，2006—2011年呈下降态势，2012—2019年又呈上升态势。2000—2009年居民财富平均占比为78.4%，而2010—2019年平均占比下降为75.2%。因此，从21世纪的前10年与后10年比较来看，居民财富占比下降了2.8个百分点。

---

① 前面提到的汇率因素除外，汇率主要用于国际比较。

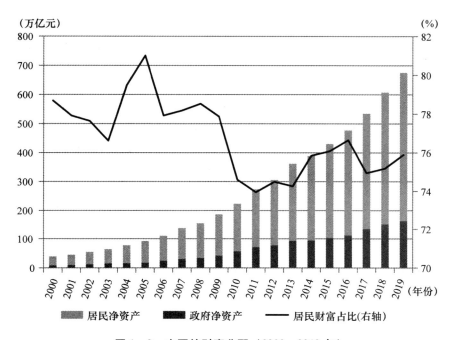

图 1 - 9　中国的财富分配（2000—2019 年）
资料来源：国家资产负债表研究中心（CNBS）。

　　根据国家资产负债表的编制方法，社会净财富按一定比例分配到居民和政府手中；企业部门的净资产根据居民和政府的股权持有比例进行分割，最终也归居民或政府所持有，企业部门净值为零。以这样的视角对财富分配进行国际比较（见图 1 - 10），可以发现：第一，2008 年国际金融危机爆发以来，发达经济体政府的资产净值呈下降趋势，英、美进入了负值区间；而中国相反，国际金融危机以后，政府财富占比还略有上升。第二，中国政府净资产占比远远高于几个主要发达经济体。英、美政府净资产是负值，日本、法国和加拿大政府持有净资产占比为0—5%；德国政府持有净资产的比例略高，2018 年为 6%。而中国政府的净财富占比大体上超过 20%。

　　国际货币基金组织（IMF）整理了 58 个经济体政府和公共部门的资产负债表情况，相关数据不同于各国统计当局所公布的资产负债表，

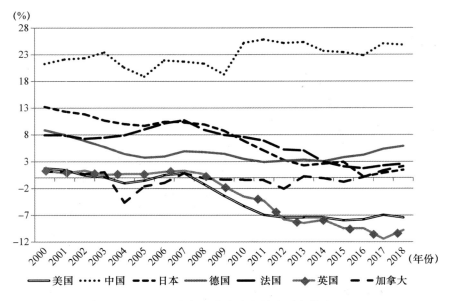

图 1-10　政府部门净资产占社会财富的比重

注：对各国非金融企业、金融机构部门和国外部门的资产净值作了划分，按照居民和政府部门所占比例划分到这两个部门，即将未被物化的剩余索取权按照股权比例进行划分，从而只剩居民和政府持有资产净值。

资料来源：中国数据来自国家资产负债表研究中心（CNBS）；其他国家数据来自各国资产负债表。

且覆盖国家范围更广，可用来对政府财富占比的国际比较进行补充[①]。这 58 个经济体和中国政府部门持有的净资产占 GDP 的比重如图 1-11 所示（我们选出净资产占比排名前十的经济体，再加上 G7 国家）。

可以看出，中国政府持有净资产占 GDP 的比重排名非常靠前。这些国家中政府持有净资产占 GDP 的比重高于中国的仅有 6 个，分别是挪威、乌兹别克斯坦、哈萨克斯坦、捷克、俄罗斯和澳大利亚。这些国家或者是典型的资源型国家，国内净资产中有很大一块比例是自然资源，且被政府所持有；或者是经济制度与中国较为类似。在

---

① Alves, Miguel, Sagé De Clerck, and Juliana Gamboa-Arbelaez, "Public Sector Balance Sheet Database: Overview and Guide for Compilers and Users", IMF Working Paper, WP/20/130, 2020.

G7 国家中，除加拿大外，其他国家的政府净资产均为负值。

需要指出的是，图 1-11 与图 1-10 呈现的国际比较有所差异。特别是日本政府与德国政府净资产在图 1-10 中为正，在图 1-11 中为负。这是各国统计当局标准不同而 IMF"强行"使其一致的结果。主要差别就在于养老金。日、德两国统计当局所公布的政府资产负债表中都没有养老金负债，而 IMF 加上了此项，导致两国政府净资产下降较多，由正转负。

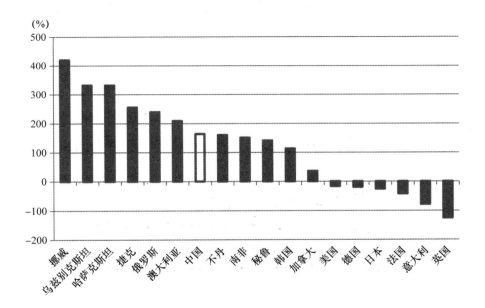

图 1-11　政府部门净资产占 GDP 的比重（2016 年）

注：此处数据来源于 IMF，而图 1-10 的数据来自各国统计当局，两个来源的数据并不完全一致，如根据澳大利亚统计当局的数据，其政府净资产占 GDP 的比重约为 80%，但 IMF 的数据则超过 200%。但这一差别对国际比较结果影响不大。

资料来源：中国数据来自国家资产负债表研究中心（CNBS）；其他国家数据来自 IMF Public Sector Balance Sheet。

就国际比较而言，中国财富分配结构偏重于政府部门有两个重要原因：一是国民收入初次分配结构中政府占比较大。生产税净额是国民收入初次分配中最具影响力的因素，是政府收入的主要来源。2018年，中国政府部门初次分配总收入为 11.7 万亿元，其中有 9.6 万亿元来自于生产税净额。中国生产税净额占 GDP 的比重在 15% 左右，而美国的这一比例仅为 7% 左右，其余主要发达经济体也均处于 13% 以下水平（见图 1－12）。由于生产税净额比例的较大差异，中国政府在初次分配中所占有的收入比例也较大，从而形成了长期的财富积累。与生产税占比较高形成对比的是，中国劳动报酬（劳动者报酬包括工资、奖金，以及雇主为员工缴纳的社保支出）在初次分配中占比相对较低。美国劳动者报酬占 GDP 的比重长期保持在 60%—70%，其余主要发达经济体多数也在 55% 以上水平，而中国的这一比例仅为 50% 左右（见图 1－13）。

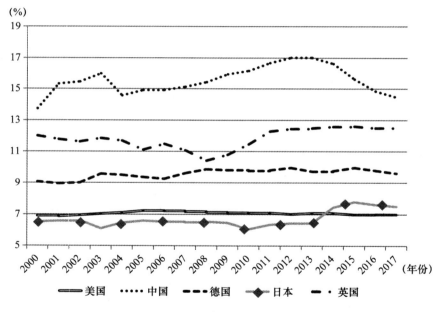

图 1－12　初次分配中生产税净额占 GDP 的比重
资料来源：中国数据来自国家资产负债表研究中心（CNBS）；其他国家数据来自各国资产负债表。

　　二是中国政府部门的债务存量相对较低。国际货币基金组织最新估算的各国政府负债占 GDP 的比重如图 1－14 所示。在可比较的 15 个国家中，只有俄罗斯和印度尼西亚政府杠杆率低于中国，而几个主要发达国家则远高于中国的水平。自国际金融危机后，全球主要经济

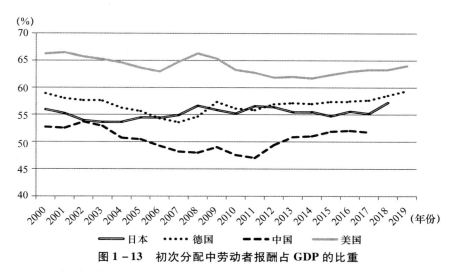

图 1 – 13 初次分配中劳动者报酬占 GDP 的比重

注：采用各国资金流量表中劳动者报酬（Wages and Salaries）除以增加值（Net Value Added）计算。

资料来源：中国数据来自国家资产负债表研究中心（CNBS）；其他国家数据来自各国资产负债表。

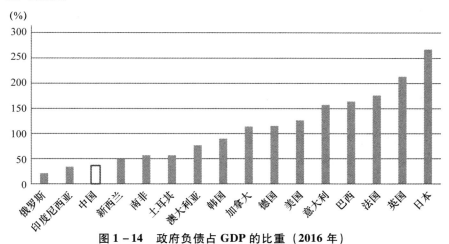

图 1 – 14 政府负债占 GDP 的比重（2016 年）

注：此处比较的数据是政府负债（liability），而非政府债务（debt）。在一般情况下，负债规模要高于债务规模，而我们一般所谈到的宏观杠杆率，指的是债务规模/GDP。因此这里所列的政府负债/GDP，应略高于政府杠杆率水平。以美国为例，2016 年政府负债/GDP 在本图中显示为 126.5%，而国际清算银行公布的美国政府部门杠杆率为 100.1%。

资料来源：中国数据来自国家资产负债表研究中心（CNBS）；其他国家数据来自 IMF Public Sector Balance Sheet。

体多数经历了政府部门加杠杆的过程，政府部门债务规模大幅扩张，而中国政府债务的扩张速度有限，目前还保持着较低的政府杠杆率。但这一特征主要体现了中国特有的债务扩张模式，部分掩盖了地方政府的隐性债务。与各国不同的是，中国债务扩张过程由政府主导下的国有企业和地方融资平台等承担。根据我们的估算，地方政府融资平台所发行的城投债余额从 2007 年的 3 亿元飙升至 2019 年年底的 8.9 万亿元，在全部非金融企业债余额中的占比也从不到 1% 上升至 38% 的水平（见图 1−15）。正是由于一方面政府财富积累（如由融资平台债务所形成的基础设施存量）不断上升，另一方面，政府融资平台债务却被归到企业部门，这就使得政府部门净资产上升更快。如果在政府资产中扣减掉隐性债务，政府净资产的上升速度就没那么快了。

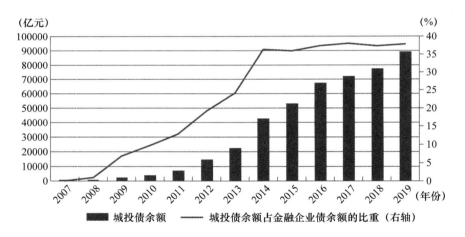

图 1−15　城投债余额及其占非金融企业债余额的比重
资料来源：Wind，中国人民银行。

针对居民部门，我们进一步对财富积累的贡献率进行拆分，如表 1−6 所示。居民部门财富积累的驱动力在国际金融危机前后出现了一次较大转折。在国际金融危机后，非金融资产对居民财富积累的贡献率普遍有所下滑，而金融资产特别是金融资产中净股权的贡献水平则有不同程度的上升。以美国为例，在危机前非金融资产对居民财富积累的平均贡献率达到 2.9%，危机期间转负，危机后尽管反弹至 1.8%，但仍明显低于危机前水平。相应的，美国金融资产对财富积累的贡献率由 2.9% 上升为 3.9%。发生这一转化的主要原因有两点：一是全球经济增速普遍下行，实物资产积累速度下降；二是全球金融市场特别是股票市场在国际金融危机后迅速恢复，大部分发达国家的股票市场指数已经超过了危机前的水平（如图 1－17）。以金融为主导的财富积累模式本质上反映了全球整体财富积累乏力。这与国际金融危机后全球陷入"长期停滞"的典型事实是一致的。

表 1－6　　居民部门财富积累贡献率拆分及国际对比（2018 年）　　单位:%

	美国			中国		
	2001—2006 年	2007—2012 年	2013—2018 年	2001—2006 年	2007—2012 年	2013—2018 年
居民财富平均增速	5.8	0.4	5.7	10.7	10.4	8.4
非金融资产贡献增速	2.9	−1.3	1.8	5.8	4.9	4.0
净金融资产贡献增速	2.9	1.7	3.9	4.9	5.5	4.3
其中：净股权	2.2	0.0	2.3	3.3	3.6	2.8
其他	0.7	1.7	1.6	1.6	1.9	1.5
	日本			德国		
	2001—2006 年	2007—2012 年	2013—2018 年	2001—2006 年	2007—2012 年	2013—2018 年
居民财富平均增速	−0.8	−0.8	1.5	2.3	2.7	3.7
非金融资产贡献增速	−1.9	−0.5	−0.3	1.1	1.7	2.1
净金融资产贡献增速	1.2	−0.3	1.8	1.2	0.9	1.6
其中：净股权	0.7	−0.7	0.9	0.0	−0.2	0.4
其他	0.5	0.4	0.9	1.2	1.1	1.2
	英国			法国		
	2001—2006 年	2007—2012 年	2013—2018 年	2001—2006 年	2007—2012 年	2013—2018 年
居民财富平均增速	7.0	1.6	1.7	6.1	2.5	5.0
非金融资产贡献增速	6.1	1.2	0.9	5.7	0.7	2.8
净金融资产贡献增速	0.9	0.4	0.8	0.4	1.7	2.2
其中：净股权	0.4	−0.1	0.3	−0.3	0.3	0.5
其他	0.5	0.5	0.5	0.7	1.4	1.7

续表

	加拿大			澳大利亚		
	2001— 2006 年	2007— 2012 年	2013— 2018 年	2001— 2006 年	2007— 2012 年	2013— 2018 年
居民财富平均增速	−0.7	4.6	4.7	11.2	4.9	8.0
非金融资产贡献增速	−2.5	3.1	2.5	9.0	3.8	6.2
净金融资产贡献增速	1.7	1.6	2.2	2.2	1.1	2.5
其中：净股权	1.2	1.1	1.3	1.6	−0.1	0.7
其他	0.5	0.5	0.9	0.7	1.2	1.8

资料来源：中国数据来自国家资产负债表研究中心（CNBS）；其他国家数据来自各国资产负债表。

就中国而言，居民财富积累的特征与发达经济体并不一致。国际金融危机后，中国金融资产对于居民财富积累的贡献度有所下降，从危机前的 4.9% 下滑到 4.3%，其中净股权的作用也从 3.3% 下滑到 2.8%。居民部门金融资产积累速度下降，除了国际金融危机后经济增速下行降低了居民金融财富的积累速度外，还有两个值得考察的因素。

第一，中国直接融资市场发展缓慢，尤其是股权融资市场对社会财富的分配作用较小。自国际金融危机之后股票及股权资产占全社会总金融资产的比重下滑，从 2007 年最高点的 37% 下降到 2019 年的 29%（见图 1 - 16）；而这一点与中国股票市场表现一般，比不上美国等发达经济体也有关系（见图 1 - 17）。

第二，居民部门所持有的股票及股权比例在 2013 年之后有所下降。为应对 2008 年的国际金融危机，中国出台了大规模的经济刺激计划，政府驱动经济的特征愈加显著：一方面地方政府债务迅速扩张，另一方面国有经济规模也在壮大。图 1 - 18 显示，2013 年之后，政府持有的净财富占比和政府持有的股票及股权占比都有所上升。这使得居民部门持有的股票及股权资产占比出现下降，股权价值上升带来的财富积累效应向政府部门而非居民部门倾斜。

总之，与发达经济体迥异的财富分配结构既反映出当前中国非常明显的发展阶段特点——如政府主导的经济赶超，也表现了中国经济的制度性特征——以公有制为主体。政府主导下的经济赶超客观上要求经济

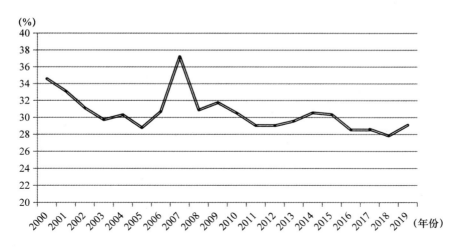

图 1-16 股票及股权占总金融资产的比重

资料来源：国家资产负债表研究中心（CNBS）。

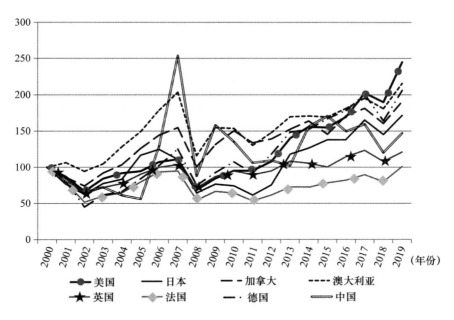

图 1-17 各国股票市场指数

注：以 2000 年为 100 标准化。

资料来源：CEIC。

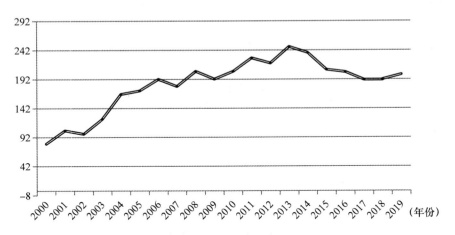

图 1–18　居民部门相对于政府部门而言股权价值缩水

资料来源：国家资产负债表研究中心（CNBS）。

资源更多流向公共部门；而公有制为主体的所有权结构，这包括大量国有企业以及公有土地等，使得政府存量资产规模庞大。相较而言，西方发达经济体一般是公共财政而非生产建设性财政，土地私有化以及国企占比极小，这些都决定了发达经济体的政府净资产占比很小甚至为负。

1.5　金融相关率

财富积累的过程，既可以是非金融资产的增长，也可以是金融资产的增长。而金融资产与非金融资产积累速度的差异，将重塑金融与实体经济之间的关系，并对未来的增长与稳定有着不同的含义。

考察一国金融资产规模与非金融资产规模之间的比例关系，即金融相关率（Financial Interrelations Ratio，FIR），是戈德史密斯[①]提出来的概念，其初衷是以此来衡量一国的金融发展并进行国际比较。金融相关

---

① Goldsmith，R. W.，Comments on Hyman P. Minsky，"The Financial Instability Hypothesis"，In *Financial Crises*，*Theory*，*History and Policy*，ed. C. P. Kindleberger and J. P. Laffargue，Cambridge：Cambridge University Press，1982.

率在这些考察的工业化国家中，基本由 1850 年的 0.4 左右，上升到 19 世纪末的 0.8 左右，在经济大萧条之前的 20 世纪 20 年代甚至超过 1。就美国而言，从第一次世界大战开始，金融相关率就处在领先水平，在经济大萧条之前达到超过 1.2 的水平，之后有所回落。平均而言，美国金融相关率高于欧洲大国，这基本反映出美国与欧洲金融结构不同的特点，即美国的金融化程度要更高一些。在戈德史密斯看来，金融相关率的基本趋势是上升的，但到一定阶段会趋于稳定；而且，欠发达国家的金融相关率要远低于发达国家①。不过，戈德史密斯的研究具有一定的局限性。首先，20 世纪 70 年代以来的金融自由化与金融创新，导致金融大发展，金融相关率会有一个跃升，而这一点由于考察样本时间的局限，还没有得到很好地反映。

图 1–19 展示了几个主要经济体金融相关率的变动趋势。自 20 世纪 80 年代以来，发达国家普遍放松了金融监管，各国金融部门迅速膨胀。即使在这一过程当中经历了多次金融危机，且各国在 2008 年后相继强化了金融监管，但各国金融相关率仅受到短暂影响，特别是主要发达经济体实施了大规模的量化宽松政策，由中央银行向商业银行释放基础货币，并且中央银行开始大量购买国债和 MBS 等金融资产，从而延续了金融相关率整体上行的态势。金融相关率的上升一定程度上反映了全球"金融化"（financialization）的基本趋势。

结合 21 世纪前 20 年金融相关率的变化，可以发现：第一，金融相关率并没有如戈德史密斯所言会稳定在一个值附近，相反还一路攀升。唯一的例外是德国，自国际金融危机以来，金融相关率一路下行；其他国家上升态势均较为明显。第二，相较而言，中国金融相关率的上升是相对平缓的，但也从 2001 年的 1.4 上升到 2016 年的 1.8，然后有所下降。这一变化与近年来中国金融"去杠杆"有着密切关联（在下一节中有更详细的分析）。

---

① Goldsmith，R. W.，*Comparative National Balance Sheets*，*A Study of Twenty Countries*，*1688 – 1978*，Chicago，London：University of Chicago University Press，1985.

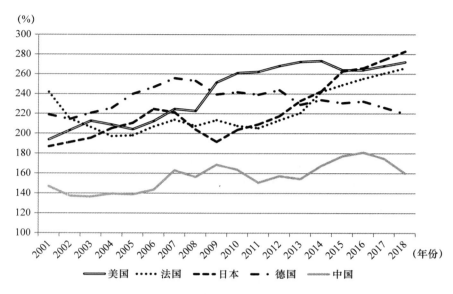

图 1-19 全球主要经济体金融相关率

资料来源：中国数据来自国家资产负债表研究中心（CNBS）；其他国家数据来自各国资产负债表。

1.6 金融风险

经过 40 多年的改革开放，中国积累了大量财富，但同时也积累了不少体制性、结构性的问题和风险。中央由此将防范化解重大风险作为三大攻坚战之首。

就金融风险而言，一方面，经过 3 年多的治理，风险得以缓释，防风险攻坚战取得初步成绩；另一方面，中国总体金融风险仍处在高位，且有向政府和公共部门集中的态势。

"去（稳）杠杆"政策缓释金融风险

宏观杠杆率是金融脆弱性的总根源。因此，"去（稳）杠杆"取得实效，使得总体金融风险有所缓释。

第一，从金融杠杆率来看。金融杠杆率的峰值出现在 2016 年年底，近 3 年出现较大幅度下降（见图 1 – 20）。无论是从资产方数据，还是从负债方数据来衡量，2019 年的金融杠杆率均已明显回落至 2013 年左右的水平。在金融"去杠杆"政策下，银行表外业务明显收缩，影子银行规模大幅下降。银保监会课题组的报告显示：到 2016 年年底，中国影子银行规模已经相当庞大，广义影子银行超过 90 万亿元，狭义影子银行亦高达 51 万亿元。经过三年的专项治理，影子银行野蛮生长的态势得到有效遏制。截至 2019 年年底，广义影子银行规模降至 84.8 万亿元，较 2017 年年初 100.4 万亿元的历史峰值缩减近 16 万亿元。风险较高的狭义影子银行规模降至 39.14 万亿元，较历史峰值缩减了 12 万亿元[①]。

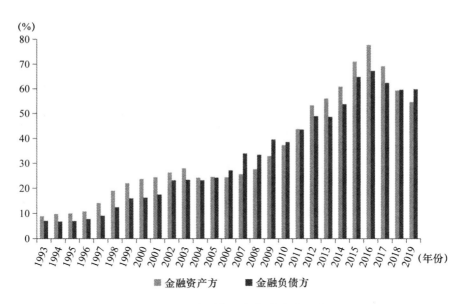

图 1 – 20　金融部门杠杆率有所下降

资料来源：国家资产负债表研究中心（CNBS）。

　　第二，从实体经济杠杆率（即宏观杠杆率）来看。图 1 – 21 显示，从 2016 年到 2019 年年底，宏观杠杆率保持基本稳定（包含某些时段的

----

　　① 中国银保监会政策研究局统计信息与风险监测部课题组：《中国影子银行报告》，《金融监管研究》2020 年第 11 期。

"去杠杆"）。特别值得一提的是企业部门的"去杠杆"。中国企业部门的杠杆率在全球都是名列前茅的，因此也是"去杠杆"的重中之重。在"去杠杆"政策的作用下，中国企业部门杠杆率从 2017 年第一季度的 160.4% 下降到 2019 年年底的 151.3%，三年间下降了 9.1 个百分点[1]，是非常了不起的成绩。

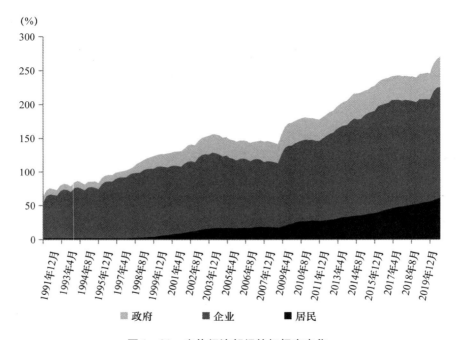

图 1 - 21　实体经济部门的杠杆率变化

资料来源：国家资产负债表研究中心（CNBS）。

中国总体金融风险仍处在高位，且有向政府和公共部门集中的态势

从规模上看，在百年不遇的新冠肺炎疫情冲击下，中国宏观杠杆率大幅攀升。截至 2020 年第三季度，中国宏观杠杆率达到 270.1%，与全球杠杆率（发达经济体 + 新兴经济体）273.1% 非常接近，但高出新兴经济体杠杆率（208.4%）61.7 个百分点。疫情冲击导致中国总体金

---

[1]　由于 2019 年名义 GDP 的下调，2019 年年底的宏观杠杆率应为 151.9%，下降了 8.5 个百分点。

融风险进一步上升。

从结构上看，金融风险有向政府和公共部门集中的趋势。这可以分别从资产端与负债端来考察。

资产端分析。易纲估算了金融资产的风险承担情况[①]。这一分析基于较多的假设，这些假设与中国的国情以及相关的监管规则是相吻合的[②]：对于存款，假定金融机构承担居民部门存款风险的90%，承担其他部门存款风险的80%，其余的存款风险由居民及其他部门分别承担。对于贷款，假定金融机构承担贷款70%的风险。假定抵押、保证贷款违约损失率为50%，即金融机构和借款人各承担50%的风险。对于理财和信托，考虑到刚性兑付尚未完全打破，假定其中80%的风险由金融机构承担。对于债券，其中国债、地方政府债、央行票据对持有者而言可视为无信用风险资产，这部分债券的风险由政府部门承担，除此之外，其他债券的风险由持有者承担。此外，通货、准备金和中央银行贷款、国际储备资产被视作政府部门应承担的风险资产。

基于以上假设，以各部门风险资产占总金融资产的比重来衡量该部门风险承担情况，得出2018年的风险分布：居民部门占比为9.4%，企业部门占比为13.8%，政府部门占比为17.7%，金融机构占比为54.5%，国外部门占比为4.6%。其中，金融机构与政府部门风险承担比重处在前两位。考虑到中国金融企业绝大部分为国有经济性质，再加上即便是民营金融机构，最终也有一个政府救助问题（为防止系统性风险的发生），因此相关风险损失最终还是要由政府买单。假定金融机构的80%都由政府来兜底，那么，最终政府部门所承担的金融资产风险为61.3%[③]。

负债端分析。2018年中国实体经济总债务中，居民部门占比为21.8%，企业部门占比为63.1%，政府部门占比为15.1%。我们假定私人部门债务基本上由私人部门承担，而公共部门债务主要由政府承担。根据这一需要，将企业部门分成国有企业与非国有企业，其中国有

[①] 易纲：《再论中国金融资产结构及政策含义》，《经济研究》2020年第3期。

[②] 我们尝试将这些分析用于国际比较。但由于国情不同，很多参数假定都会有明显不同。由于未能找到可信的依据来进行参数设定，最后放弃了这方面的国际比较。

[③] 54.5%×0.8＋17.7%＝61.3%。

企业与政府部门合成公共部门，非国有企业与居民部门合成私人部门。我们的估算表明，国有企业债务占企业部门债务的比重从 2015 年年初的 57% 上升至 2018 年年底的 67%。依此数据，2018 年公共部门所承担的债务风险约为 57.4%[①]（见表 1-7），这与从资产端进行的分析是比较接近的。

因此，无论是从资产端分析，还是从负债端分析，广义政府或者说公共部门承担的金融风险都占到六成左右，说金融风险向公共部门集中亦不为过。

表 1-7　　　　　各部门债务风险承担情况（2018 年）

	居民部门	企业部门	政府部门
债务风险占比（%）	21.8	63.1	15.1

	私人部门	公共部门
债务风险占比（%）	42.6	57.4

资料来源：国家资产负债表研究中心（CNBS），作者估算。

1.7　存量视角下的"存量改革"

我们一般将中国始于 20 世纪 70 年代末的改革称作增量改革（或渐进式改革）。增量改革是指在不根本触动传统体制的情况下，在体制外发展。因此，增量改革能够实现"帕累托改进"：大家福利都得到改善，激励相容，因而相安无事。但存量改革完全不同。存量改革是一种利益调整，难以实现"帕累托改进"：一部分人的福利改进往往会带来另一部分人的福利损失。增量改革可以是"只进不出"，在位者的利益不会受损；而存量改革必须是"有进有出"，即有人要"让出地盘"。所以，如果说改革开放之初我们是以"进入"的方式来推进增量改革，那么在改革开放 40 多年后的今天，我们需要的则是以"退出"的方式来推进存量改革。

---

① 63.1% × 0.67 + 15.1% = 57.4%。

回到国家资产负债表视角下的存量改革，主要涉及财富存量和债务存量的调整，以及从动态角度重塑增量与存量的关系。

财富存量的优化配置

当前中国的社会财富存量中，政府财富占比接近 1/4，在全球范围内都处在较高水平。政府掌握着大量的资源与资产，为应对各类风险，实现经济安全、国家安全提供了重要保障。但与此同时，如何盘活这些存量资产，提高政府财富的利用效率和效益，也是推进存量改革的重要内容。

政府掌握的公共财富如何得到高效的利用，是全球性话题，并非中国所独有。邓达德和福斯特在《新国富论：撬动隐密的国家公共财富》一书中指出：政府在全球范围内持有的公共财富即使保守估计，数目也十分惊人，收益率即使仅仅提高 1%，也将给国库增加 7500 亿美元的收入[①]。通过对中央政府在全球范围内持有的资产进行专业化管理，可以很容易地将收益率提升 3.5%，即能够额外产生 2.7 万亿美元的公共收入，这个金额超过了现阶段在全球的基础设施建设的总和，包括交通、能源、水利和通信设施等所有项目。邓达德和福斯特重点关注的是商业性资产，显然，还不包括自然资源、行政事业单位（如中国的科教文卫）等大量非商业性（或非经营性）资产。

就中国而言，政府配置的资源涵盖政府代表国家和全民所拥有的自然资源、经济资源和社会事业资源。当前政府配置资源中存在的问题包括市场价格扭曲、配置效率低下、公共服务供给不足等。因此，需要推进存量改革，大幅减少政府对资源的直接配置，更多引入市场机制和市场化手段，提高资源配置的效率和效益。

第一，自然资源方面，要以建立产权制度为基础，实现资源有偿获得和使用。法律明确规定由全民所有的土地、矿藏、水流、森林、山岭、草原、荒地、海域、无居民海岛、滩涂等自然资源，应建立明晰的产权制度、健全管理体制，发挥空间规划对自然资源配置的引导约束作用；对无线电频率等非传统自然资源，要推进市场化配置进程，完善资

[①] 邓达德、斯蒂芬·福斯特：《新国富论：撬动隐密的国家公共财富》，上海远东出版社 2016 年版。

源有偿使用制度。

第二，国有经济方面，要完善退出机制，优化国有资本布局。推动国有资本向关系国家安全、国民经济命脉和国计民生的重要行业和关键领域、重点基础设施集中，向前瞻性、战略性产业集中，向具有核心竞争力的优势企业集中。完善国有资本退出机制，研究国家持股金融机构的合理比例，对系统重要性金融机构保持控制力，对其他机构按照市场化原则优化股权结构，激发社会资本活力；采用 PPP、混合所有制等方式推进国有企业改革，提高国有资源的配置效率。

第三，推出不动产投资信托基金（REITs），盘活基础设施存量资产。REITs 起源于 20 世纪 60 年代的美国，目前在全球 40 多个国家和地区得到发展，截至 2019 年年底，全球公募 REITs 市场总市值已超过 2 万亿美元，资产范围包括写字楼、商场、公寓、酒店、仓储等商业设施，以及公路、机场、港口、通信、水电气供应、数据中心等基础设施。中国推出的公募 REITs 试点，聚焦基础设施领域，在一系列方面具有重要意义[1]。目前我们估算的政府部门资产负债表中的公共基础设施资产为 9.56 万亿元，这只是全社会公共基础设施资产中的一部分，既不包括城市内部的那些商业化、企业化运作的市政公用基础设施，也未包括那些跨城市、跨省份（或者说由省政府或中央政府）投资和运营的非市政公共基础设施。综合各方面的文献[2]，全口径的基础设施存量资产为 37 万亿—53 万亿元[3]。如果这些基础设施存量资产能够通过 REITs 得以部分盘活，不仅可以为国有企业和地方政府应对债务问题提供解决方案，也大大有利于存量资源的重新优化配置。

第四，改革"科教文卫"，创新公共服务供给方式。建立政府主导、社会参与、自主运行、公众监督的多元化公共服务供给体制。各地区各部门可以根据需要和财力状况，通过特许经营、政府购买服务等方

---

[1] 殷勇：《做好基础设施领域 REITs 工作的几点思考》，《中国金融》2020 年第 23 期。

[2] 金戈：《中国基础设施与非基础设施资本存量及其产出弹性估算》，《经济研究》2016 年第 5 期；胡李鹏、樊纲、徐建国：《中国基础设施存量的再测算》，《经济研究》2016 年第 8 期；朱发仓、祝欣茹：《中国基础设施资本存量净额与固定资本消耗估计研究》，《数量经济技术经济研究》2020 年第 6 期。

[3] 有的研究直接把城镇基础设施累计投资额 100 多万亿元作为基础设施存量资产，严重高估了基础设施存量。

式，扩大和改善公共产品和服务供给；放开教育医疗养老等行业的市场准入，放松价格管制，促进公平竞争；在清产核资、界定产权的基础上，进一步打破部门行政化分割，构建共享平台，实现公共科技、教育、医疗、文化等资源开放共享。

存量债务处置与"可持续"债务积累模式

在存量债务结构中，国有企业债务以及地方政府债务是"大头"（这也是债务风险向政府部门集聚的主要"体征"），是债务处置的重点。

国有企业债务。在非金融企业部门，国有企业债务占比达六成到七成。因此，国有企业处置是企业部门"去（稳）杠杆"的关键。首先，由于这里有不少是融资平台债务，原本属于政府债务范畴，但 2015 年生效的《中华人民共和国预算法》（以下简称《预算法》）不予确认。建议地方政府债务置换中也要覆盖这一块。其次，通过市场化、法治化债转股，化解部分国有企业债务。最后，"僵尸国企"的有序退出也是非常重要的一环，是存量改革的题中应有之义。"僵尸国企"的特点，就是其收入流已经无法覆盖债务利息支出。"僵尸国企"的退出，不仅可以消解部分债务，释放出一定的社会资源，而且也为新企业的进入腾出了空间，有利于存量资源的优化配置。

地方政府债务。一是扩大地方债券发行量，不仅是用于弥补当年的赤字，减少增量的隐性债务；还将用于置换存量的隐性债务（如融资平台债务）。尽管《预算法》实施后，大量融资平台债务都进入了企业部门，但实际上，很多融资平台债务是用于公益性或准公益性的项目，属于政府职责范围。从这个意义上，置换这些存量隐性债务，政府义不容辞。这样做的好处是，既降低了企业部门杠杆率，又减少了地方政府的隐性债务。二是盘活政府存款。2019 年年底中国政府存款（机关团体存款加上财政性存款）为 33.9 万亿元，占当年 GDP 的 34.4%。这一庞大规模的存款也显示出中国政府财政资金的运行效率有限。比较其他国家，美国 2016 年政府存款规模为 9160 亿美元，占 GDP 的 5%；德国 2016 年政府存款规模为 3308 亿欧元，占 GDP 的 11%；英国 2016 年政府存款规模为 863 亿英镑，占 GDP 的 4%；日本 2015 年政府存款规模为 80.4 万亿日元，占 GDP 的 15%。政府存款比例过高，与高压反腐、严格财经纪律从而导致地方政府"少作为"有一定关系。因此，盘活政府存款，一方面可以促进地方政府有所作为，另一方面也可以短期内缓解财政资金不足的问题。三是通过地方政府资产（如地方国企等）的处置，部分化解债务风险。地方政府掌握的主要资产包括项目和国企。资产处置有两种办法，一种办法是将项目和国企出售。20 世纪 90年代末，出售国企给民资，从而实现了"抓大放小"。这样一来，政府退出了利益链条，减少了对市场的直接干预；同时也盘活了资产存量，增强了经济活力。另一种办法是保留项目与国企，通过混合所有制改革和 PPP（公私合作模式）等吸引民资进来。引资的项目和国企能够带来现金流，可以应对还债压力。我们的国家资产负债表数据显示：2019年年底，中国非金融企业国有股权资产共计 64.9 万亿元，其中中央政府持有 17.8 万亿元，地方政府持有 47.1 万亿元；金融机构国有股权资产共计 20.1 万亿元，其中中央金融企业国有资产为 14.9 万亿元，地方金融企业国有资产为 5.3 万亿元。行政事业单位净资产共计 27.0 万亿元，其中中央行政事业单位净资产为 3.8 万亿元，地方行政事业单位净资产为23.2 万亿元。加总非金融企业、金融机构和行政事业单位的国有资产，共计 112 万亿元，占当年 GDP 的 113.5%，其中由地方政府持有的资产为75.6 万亿元，占当年 GDP 的 76.6%。地方政府可适当减持这部分资产，通过混合所有制改革等方式引入民间资本，以此来弥补部分收支缺口。

"可持续的"债务积累模式。债务存量处置是解决"历史遗留"问题，而转变债务积累模式，使之"可持续"则更为关键。中国经济之所以发展这么快，是因为形成了"四位一体"的赶超体制，即国有企业、地方政府和金融机构互相支持，中央政府最后兜底。这种体制的优势在于：所有风险都由中央政府扛着，国企、地方政府与金融机构就可以勇往直前，只管发展，不顾风险。如此方可在短期内快速动员大量资源，使经济得以更快发展①。不过，这样的赶超体制，同样也是当前中国杠杆率（特别是公共部门杠杆率）高企的体制根源。因为国有企业的软预算约束、地方政府的扩张冲动以及金融机构的体制性偏好，会在

---

① 张晓晶、刘学良、王佳：《债务高企、风险集聚与体制变革：对发展型政府的反思与超越》，《经济研究》2019 年第 6 期。

中央政府担保或兜底的支持下"变本加厉"，导致信贷扩张"任性"，激励与行为方式发生扭曲，从而形成大量的债务积累和风险集聚。中国金融机构对于拥有国资或政府背景的投融资项目一般都会产生隐性担保和刚性兑付的期待或幻觉。这样一种"体制保障"，实质上是在道义上对于政府的"绑架"。有了这样的"保障"或潜规则，"欠债还钱"的市场铁律就会被打破，道德风险就会产生，而金融资产（信贷资源）的定价就会扭曲，进而带来金融资源配置的低效和扭曲。由此可以判断，正是因为政府干预（以各种显性或隐性的方式）扭曲了风险定价，使得更多信贷资源流向公共部门，这是债务风险向公共部门集中的根本原因。因此，取消政府隐性担保、打破刚兑，包括打破"国企信仰"，让传统的公共部门债务积累方式无法为继，这样才能形成以市场化风险定价为基准的"可持续"的债务积累模式。具体来说：一是硬化国企与地方政府的预算约束，弱化扩张或赶超冲动，破除隐性担保和兜底幻觉。二是突出竞争中性，纠正金融体系的体制性偏好，让不同性质的企业，在获得金融信贷方面享有相对平等的待遇。三是稳步推进破产重组，让市场清理机制发挥"强制性"作用。这包括推进国有企业的破产重组，清理僵尸企业，以及对债务问题较为严重的地方政府进行债务重整，形成较强的外部压力。四是允许国企（甚至地方政府）债务违约，打破"国企信仰"，让风险定价真正走向市场化。

1.8 本次编制说明

本次国家资产负债表的编制，基本沿用了《中国国家资产负债表2018》（以下简称 2018 版）的方法，严格遵守 SNA 的编制框架，同时也在某些地方作出了微调改进。总的来说，在资产估算方面比以前更加细致，这也带来资产估算规模略有提高。

第一，非金融企业部门的非金融资产核算方法有所调整。非金融资产主要由三部分构成，即固定资产、存货和其他非金融资产（包括无形资产和递延资产）。估算固定资产一般有两种方法：一是永续盘存法，即利用每年新增固定资产流量进行永续盘存来估算固定资产存量；二是比例替代法，建立在已有的其他统计口径非金融企业部门资产负债表基础上，以已有资产负债表的相应比例作为需要估算的项目的替代，用总资产乘以替代比例得到估算值。其中永续盘存法的流量又有两种选择，即资金流量表中的固定资本形成总额和《固定资产投资统计年鉴》中的新增固定资产投资。使用前者会漏算土地购置费、旧设备和旧建筑物购置费，在近年来房价和地价不断上涨的环境下，这实际上低估了资产的重新估值效应。使用后者考虑了这种资产重估效应，但是如果逐年累加，实际上会有重复计算，在已经利用固定资产投资价格指数进行了相应调整的情况下，这无疑会高估重估效应。对此，本次编制假定在新增固定资产投资中土地购置费和旧设备、旧建筑购置费各占一半，对相应序列进行调整，以尽可能消除这种重复计算。

第二，政府部门非金融资产的估算方法有所调整。相比 2018 版，本次政府部门资产负债表非金融部分的编制主要是调整了公共基础设施资产的估算方法，调整涉及三方面：一是增加了乡镇、村庄的市政公用设施资产的估算，以免低估乡村的公共基础设施资产；二是在永续盘存中加入了折旧，以避免公共基础设施资产的高估；三是没有再用全社会固定资产投资和固定资本形成数据对公共基础设施投资进行调整，而是直接使用公共基础设施建设投资的原始时间序列来进行计算。经过以上调整，公共基础设施资产的估算结果比 2018 版有所增加，目前公共基础设施资产的规模基本和政府部门固定资产持平，且基础设施资产占比有越来越高的趋势。

第三，非金融企业部门的股票及股权负债中加入了股票市值的溢价部分。股票及股权是指公司股东对投资企业所拥有的权益。股票是股份公司签发的证明股东投资并按其所持股份享有权益和承担义务的权益性证券；其他股权是指机构单位以直接投资方式用除股票、债券性证券以外的实物资产、无形资产及货币资金直接向其他单位或部门的投资。股票是购买者的资产，是发行机构的负债；股权是投资方的资产，是接受投资方的负债。我们在 2018 版数据中仅估算了非金融企业股权的账面价值，即非金融企业账面上的净资产。由于部分企业在股票市场公开发行上市，根据 SNA 编制方法，这部分企业的股权价值宜用股票市场的市值来表示，而大部分企业的股票市值相对于企业净资产账面价值都有一定幅度的溢价。本次编制用 A 股上市企业的股票总市值和市净率做调整，估算了这部分上市公司的市值溢价，并与非金融企业股权价值相加，重新得到了非金融企业部门的股票及股权。

第四，重新调整了各部门其他金融资产和其他负债项。其他金融资产与负债是指没有归入国内金融资产与负债项目中的所有金融债权债务，主要包括商业信用、预付款以及没有被准确估算的部分金融资产和负债。通过对估算方法的改进，我们降低了这部分金融资产和负债的比例，将可以划分清楚的部分还原到如企业股权等项目中去，从而进一步提升了本次估算的准确度。

基于以上调整，我们估算出 2000—2019 年的中国国家资产负债表（结果见附录二）。在此，基于国家资产负债表的一般特征和性质，我们对中国国家资产负债表作几点说明，以帮助读者更好地理解相关数据以及数据之间的逻辑关联。

第一，国内四个部门的合计表示中国整体总资产和负债的状况。其中国内四个部门的非金融资产合计为全社会的非金融资产，国内四个部门的资产净值合计为全社会的净财富水平，也是全部非金融资产和对外净资产之和。

第二，国外部门是与国内部门相对应的，并不是指国外经济的整体，而是单指与国内经济部门发生经济往来关系的国外部门集合，仅反映中国经济总体与国外机构往来活动的总规模和结构关系，这种往来关系只能体现在金融资产和负债的关系上。因此国外部门不存在非金融资产，只有金融资产和负债。同时，国外部门的资产净值是指站在部门角度衡量的净资产，与国内各部门是相对应的。国外部门的资产净值为正，表示国内部门对外的净负债，即对外净财富为负值；国外部门的资产净值为负，表示国内部门的对外净资产，即对外净财富为正值。

第三，由于金融资产与负债的一一对应关系（国家资产负债表的四式记账法规则），将国外部门加入后，各部门的所有金融资产与负债规模是一致的，且每一种金融工具都满足合计资产与负债相等的特征，这体现在最后两列中的金融资产与负债恒等的特征上。

2

居民部门资产负债表

本章在此前研究的基础上[①]，首先编制了近年中国居民部门的资产负债表。随后，利用相关估算并结合其他理论研究与统计信息，对居民财富积累、项目变化、债务风险以及住房资产—居民消费关系等重大问题展开了纵向的跨期分析和横向的国际比较。近年来居民财富快速增长，但"藏富于民"尚有较大空间，在人均层面同美国的差距也较为明显。同时，居民资产配置过于集中在住房领域的现象仍较为突出，金融资产配置也趋向于低风险、高流动性的传统项目。此外，主要在住房抵押贷款等项目的带动下，居民债务风险上升速度较快，需引起重视。基于以上分析，本章还讨论了保持居民财富持续积累、识别防范债务风险、引导房地产市场健康发展、促进消费需求等问题，并提出了若干建议与思路。

2.1 修订与更新

结合最新的数据信息和调整后的估算方法，本章对 2017—2019 年中国居民资产负债表进行了更新，并对往年有关数据（主要是金融资产与负债项）进行了修订。其具体编制结果如表 2 – 1 至表 2 – 3 所示。

[①] 李扬、张晓晶、常欣等：《中国国家资产负债表 2013：理论、方法与风险评估》，中国社会科学出版社 2013 年版；李扬、张晓晶、常欣等：《中国国家资产负债表 2015：杠杆调整与风险管理》，中国社会科学出版社 2015 年版；李扬、张晓晶、常欣等：《中国国家资产负债表 2018》，中国社会科学出版社 2018 年版。

表2-1

中国居民资产负债表（2000—2019年）

单位：亿元，当年价

项目 年份	非金融资产 （固定资产）	金融资产								金融负债 贷款	总资产	净资产
		通货	存款	保险准备金	证券投资基金份额	股票及股权	债券	贷款	合计			
2000	182148	11923	67209	2126	971	45446	10145	0	137820	14148	319968	305821
2001	200773	12797	77434	2893	960	59582	10909	0	164574	16804	365347	348543
2002	253920	14116	91314	4091	1365	63723	11788	0	186398	20366	440318	419951
2003	285230	16164	108601	5747	1924	85531	12414	0	230383	25250	515613	490363
2004	352137	17598	131989	7468	3502	121483	12208	0	294247	31647	646384	614737
2005	432052	19726	155722	9592	5049	144998	11823	0	346910	35364	778962	743598
2006	482591	22250	177384	12431	8961	185274	12234	0	418534	42817	901125	858308
2007	605464	24991	189979	18272	33888	243218	11998	0	522346	56247	1127810	1071563
2008	622183	28404	238155	21054	20826	332304	11385	0	652127	63568	1274310	1210742
2009	791505	31762	290974	25600	29231	363643	12131	0	753341	91543	1544846	1453302
2010	871851	37203	342981	31803	28913	464020	12244	1975	919139	125748	1790990	1665242
2011	1044417	42164	396062	37887	27703	607234	11450	3928	1126427	152698	2170844	2018146

续表

年份	非金融资产（固定资产）	金融资产								金融负债 贷款	总资产	净资产
		通货	存款	保险准备金	证券投资基金份额	股票及股权	债券	贷款	合计			
2012	1149695	45409	477464	46334	38998	679541	14079	5977	1307802	183913	2457497	2273583
2013	1288490	48659	562443	53811	47393	885593	18196	8459	1624553	228795	2913043	2684249
2014	1372163	49791	644837	65320	71303	982526	19420	10456	1843654	267489	3215817	2948328
2015	1552614	51892	766904	78257	121019	983856	24358	13293	2039579	316471	3592193	3275722
2016	1771943	56409	883250	93737	141460	1062137	24599	16068	2277661	390333	4049604	3659272
2017	1899169	58495	925304	104444	171921	1271107	25242	20217	2576731	470417	4475900	4005483
2018	2255874	60593	1002773	114862	178708	1457187	26289	17440	2857852	546240	5113726	4567486
2019	2499331	63840	1120669	129690	192424	1702111	27336	14204	3250274	623383	5749605	5126222

注：由于四舍五入的问题，加总结果有出入。

资料来源：课题组估算。

表 2 – 2　　　中国居民资产负债大项及主要结构（2000—2019 年）

单位：亿元，当年价

项目 年份	非金融资产 （固定资产）	金融 资产	负债 （贷款）	总资产	资产 净值	资产 负债率 （％）	非金融资产 占总资产 的比重 （％）	金融资产 占总资产 的比重 （％）
2000	182148	137820	14148	319968	305821	4.42	56.93	43.07
2001	200773	164574	16804	365347	348543	4.60	54.95	45.05
2002	253920	186398	20366	440318	419951	4.63	57.67	42.33
2003	285230	230383	25250	515613	490363	4.90	55.32	44.68
2004	352137	294247	31647	646384	614737	4.90	54.48	45.52
2005	432052	346910	35364	778962	743598	4.54	55.47	44.53
2006	482591	418534	42817	901125	858308	4.75	53.55	46.45
2007	605464	522346	56247	1127810	1071563	4.99	53.68	46.32
2008	622183	652127	63568	1274310	1210742	4.99	48.83	51.17
2009	791505	753341	91543	1544846	1453302	5.93	51.24	48.76
2010	871851	919139	125748	1790990	1665242	7.02	48.68	51.32
2011	1044417	1126427	152698	2170844	2018146	7.03	48.11	51.89
2012	1149695	1307802	183913	2457497	2273583	7.48	46.78	53.22
2013	1288490	1624553	228795	2913043	2684249	7.85	44.23	55.77
2014	1372163	1843654	267489	3215817	2948328	8.32	42.67	57.33
2015	1552614	2039579	316471	3592193	3275722	8.81	43.22	56.78
2016	1771943	2277661	390333	4049604	3659272	9.64	43.76	56.24
2017	1899169	2576731	470417	4475900	4005483	10.51	42.43	57.57
2018	2255874	2857852	546240	5113726	4567486	10.68	44.11	55.89
2019	2499331	3250274	623383	5749605	5126222	10.84	43.47	56.53

注：由于四舍五入的问题，加总结果略有出入。

资料来源：课题组估算。

表 2 – 3　　　居民非金融资产（固定资产）细项（1998—2019 年）

单位：亿元，当年价

项目 年份	城镇 住房	农村 住房	住房资 产合计	汽车 资产	农村居民 生产性 固定资产	非金融 资产 合计	调整后 的私有 住房	住房 资产/ 总资产 （％）	住房 资产/ 净资产 （％）
1998	101181	29133	130314	—	—	—	80871	—	—

续表

项目 年份	城镇 住房	农村 住房	住房资 产合计	汽车 资产	农村居民 生产性 固定资产	非金融 资产 合计	调整后 的私有 住房	住房 资产/ 总资产 （%）	住房 资产/ 净资产 （%）
1999	111989	31283	143272	—	—	—	92173	—	—
2000	129631	37601	167232	5914	9002	182148	111361	40.5	42.4
2001	144428	40102	184530	6880	9363	200773	128120	39.5	41.4
2002	193572	42044	235616	8412	9892	253920	177295	44.0	46.1
2003	218264	45441	263705	11054	10471	285230	204727	42.3	44.5
2004	279680	47762	327443	13642	11052	352137	264225	43.3	45.5
2005	343745	59241	402986	15960	13106	432052	328613	44.1	46.2
2006	384977	64526	449503	19274	13814	482591	370916	42.7	44.9
2007	496085	70918	567003	23576	14884	605464	480500	44.0	46.3
2008	502205	75963	578168	28118	15897	622183	487759	39.4	41.5
2009	655928	83185	739113	35123	17270	791505	636812	42.5	45.1
2010	719433	89590	809023	44637	18191	871851	699250	40.2	43.2
2011	807348	155527	962875	54458	27083	1044417	788353	37.2	40.0
2012	895152	162472	1057624	63976	28096	1149695	876549	36.4	39.4
2013	1011465	176124	1187589	71989	28913	1288490	992341	34.7	37.7
2014	1071500	190725	1262225	79963	29975	1372163	1053802	33.3	36.3
2015	1227928	204421	1432349	89415	30850	1552614	1207458	34.2	37.5
2016	1422965	217184	1640149	99984	31809	1771943	1390523	35.1	38.9
2017	1528916	225635	1754551	111803	32815	1899169	1488531	34.2	38.2
2018	1864043	232945	2096988	125019	33867	2255874	1737459	36.5	40.8
2019	2079144	245443	2324587	139796	34948	2499331	1937982	36.2	40.6

注：由于四舍五入的问题，加总结果略有出入。

资料来源：课题组估算。

编制说明

本次编制主要依据 SNA 2008 的核算框架以及《中国国家资产负债表 2018》（以下简称 2018 版）的方法调整而来，具体有如下几点需要说明。

1. 居民住房资产

（1）城镇住房：估算方法未做调整。由于自 2013 年以来，《中国统计年鉴》不再公布居民人均居住建筑面积，此后数据从国家统计局发布的不特定相关信息得来①。

（2）农村住房：估算方法未做调整。农村居民人均居住建筑面积数据来源同上；年底房屋单价则仍按照 2011—2012 年增速外推②。此外，对于居民没有所有权的公租房等保障性住房，在 2018 版中参考了皮凯蒂等的方法③，即以北京等 6 省（市）居民住房权属比例（源自各地统计部门）进行了推算。在本书中，课题组针对 2016—2019 年的情况选用了更加直接、全面的测算方法，即参考住房和城乡建设部公布的全国公租房户数信息，再综合有关媒体报道，假设每户建筑面积为 40 平方米。当然，这里也有两点补充：其一，由于公租房租金显著低于周边房屋的市场租金，即相当于为其承租者定期带来现金流。因此，在经济学的意义上，公租房也具有了部分的资产属性。其二，尽管承租人对之无所有权，但其承租权在符合一定条件下可以继承。综合以上考虑，在最终的资产负债表中，本书仍旧将之归为居民的住房资产，但在相关表中作为附加信息予以列示，供读者参考、取舍。

需要指出的是，由于方法、假设不同，对资产，特别是住房资产的估算会存在一定差异。例如，①马骏等利用重置成本法，估算 2010 年城乡家庭住房资产合计为 81.5 万亿元④，高度接近本课题组同年的估算值（80.9 万亿元）。② 谢宇等通过中国家庭追踪调查（CFPS），再经过外部数据（胡润百富榜）的调整，得出 2014 年户均资产为 44.4 万元，其中 80.3% 为住房⑤。按此测算全国住房资产总计为 158.5 万亿元，本课题组同年的估算值为 126.2 万亿元。但应注意的是，如使用未经调整的数据（即严格基于 CFPS），户均资产降为 35.9 万元。以此推算，住房资产总额降至 128.2 万亿元，与本课题组基本相同。③Piketty

---

① 例如，《建筑业持续快速发展　城乡面貌显著改善——新中国成立 70 周年经济社会发展成就系列报告之十》公布了 2018 年居住面积数据。

② 此前口径有变化，参见李扬、张晓晶、常欣等《中国国家资产负债表 2018》，中国社会科学出版社 2018 年版，第 4 章。

③ Piketty, T., Yang, L., and Zucman, G., "Capital Accumulation, Private Property and Rising Inequality in China", *American Economic Review*, Vol. 109, No. 7, 2019, pp. 2469 - 2496.

④ 马骏、张晓蓉、李治国等：《中国国家资产负债表研究》，社会科学文献出版社 2012 年版。

⑤ 谢宇、张晓波、李建新、涂平、任强：《中国民生发展报告 2016》，北京大学出版社 2017 年版。

等利用不同折旧方法（如 2% 的折旧率）和所有权属划分，得出 2015年私人所有的城乡住房资产合计为 148.8 万亿元①，而同年本课题组的估算值为 143.2 万亿元，差距亦不大。④杨业伟和许宪春在区分了城、镇不同产权属性住房的基础上，估算 2018 年城镇居民住房价值为 139.0 万亿元②，小于本课题组的估算值（186.4 万亿元）。这一差距可能在于人均居住面积调查数据的质量问题，同时也和不同权属住房的价值差异有关。⑤除上述较为接近的估算外，在其发布的《2019 中国住房市值报告》中，任泽平等得出 2018 年中国住房市值高达 321 万亿元，为 GDP 的 3.6 倍③，远大于本课题组对相同年份的估算值（210 万亿元）。究其原因，有三点较为突出：其一，由于采用了城镇二手房成交单价，因此任泽平团队未考虑折旧，而本课题组城镇住房单价以新建商品房销售价格为标准，并在此基础上进行了折旧处理④。其二，在较快的城镇化进程中，二手房和新房的地段多有差异，因此也会造成价格上的不同。其三，任泽平团队还考虑了集体户住房（学生宿舍和非学生宿舍）。由于采用了国家统计局住户调查数据提供的人均居住面积，本课题组估算中不含此项。需要注意的是，即使能够正确估计此项资产，但由于对之仅有短暂的使用权，而无其他权利（包括所有权以及类似公租房的承租权继承等），似也不宜纳入居民资产之中。当然，需要读者注意的是，既是估算而非权威的官方数据，由于方法和假设的不同而产生结果差异实属正常，不存在必然的正误之别、高下之分，但比较类似研究，除任泽平等外，包括本研究在内的各方估算在总体上较为接近。

2. 居民汽车

由于自 2016 年起相关统计口径（主要载于历年《中国汽车工业年

---

① Piketty, T., Yang, L., and Zucman, G., "Capital Accumulation, Private Property and Rising Inequality in China", *American Economic Review*, Vol. 109, No. 7, 2019, pp. 2469 – 2496.

② 杨业伟、许宪春：《中国城镇居民住房资产估算》，《财贸经济》2020 年第 10 期。

③ 任泽平、熊柴、白学松：《2019 中国住房市值报告》，恒大研究院，2019 年。

④ 如不做折旧处理，本课题组对 2018 年城镇住房价值的估算从 186 万亿元升至 277 万亿元。此外，Li 对基于不同折旧率的估算进行了比较。参见 Li, Cheng, "China's Household Balance Sheet: Accounting Issues, Wealth Accumulation, and Risk Diagnosis", *China Economic Review*, No. 51, 2018, pp. 97 – 112。

鉴》）发生变化，无法再根据"汽车主导产品"的销售收入进行估算。因此，此后年份的数值均按照 2014—2015 年的增速外推。

3. 农户生产性固定资产

从此前的估算可知，该项目在总资产中的相对规模极小（约为1.2%），因此仅按照 2011—2012 年增速外推做粗略估算。

4. 居民金融资产

居民金融资产包括通货、存款（含保本和非保本理财①）、保险准备金、证券投资基金份额、股票及股权（包括个人持有的上市公司股票及最终属于居民部门的企业部门权益）、债券和贷款（主要指居民部门内部的小额贷款和 P2P 贷款）。

5. 居民负债

居民负债全部为贷款，包括银行贷款（含消费贷款、经营贷款）、公积金贷款、小额贷款、P2P 贷款等。

2.2 居民资产负债的扩张与结构变化

2017—2019 年，中国居民总资产、负债、净资产（总资产与负债之差）的规模继续以较快速度扩张。并且，在经过 2017 年的暂时调整后，增速均快于同期的 GDP 增速，因而也大体延续了此前近 20 年出现的资本—产出比上升的态势（见图 2-1）。值得强调的是，相关比例的上升，即财富存量积累速度快于收入流量，也预示着某种风险和效率损失：在很大程度上，这一现象源自居民债务杠杆（债务/收入）的持续走高，后者又主要由住房资产与相关贷款的扩张所致（后文另有详述）。当然，资本—产出比提高也同国家整体层面的资本回报率或资本边际产出下降密切相关。

分项目看，促使近年来居民资产扩张的主要动力在于非金融资产（由于未考虑居民部门的无形资产，所以此项目也等同于固定资产）。

---

① 与本研究不同，在易纲的研究中，"理财产品"被列入金融资产中的"特定目的载体"一项。参见易纲《再论中国金融资产结构及政策含义》，《经济研究》2020 年第 3 期。

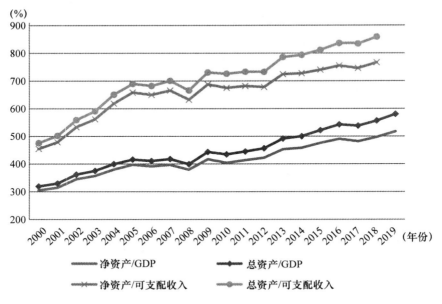

图 2 - 1　居民部门的资产扩张

资料来源：资产数据为课题组估算；GDP、居民可支配收入（调整后；资金流量表口径）来自《中国统计年鉴2020》。

如表 2 - 2 和表 2 - 3 所示，在经历了数年的回落后，2014 年以来，非金融资产占总资产比重、住房资产占总资产和净资产的比重呈现扩大趋势，特别是后一比例又在 2018 年重新回到 40% 以上[①]。同时，金融资产的相对规模也相应缩小。这些变化表明，在近年来各地频繁出台房地产调控政策的背景下，中国居民财富积累仍然较为倚重住房资产，甚至这一特征还有所强化。究其原因，可能在于：（1）城镇化速度依旧较快，2014—2019 年城镇人口比重年均增幅保持在 1.2 个百分点；（2）在此背景下，城镇居民居住条件也在持续改善，同期人均建筑面积提高近

[①]　此外还应注意到，根据中国人民银行调查统计司在 2019 年 10 月进行的家庭调查显示，住房资产占城镇居民总资产的 59.1%，占实物资产的近七成。需要指出的是，由于这一数据仅针对城镇家庭，而后者住房价值显著大于农村家庭。同时还应指出，一般认为家庭调查可能较易忽视财富分配中的顶部和尾部人群，而此两者也最可能是房产/资产比例最低的人群，这也部分地解释了中国人民银行得出的较大的住房资产比重。参见 https：//www.sohu.com/a/391251635_ 99956010。

5 平方米；（3）由于近年来实体部门景气不足、金融业监管渐强、资本管制趋紧等因素，除住房（主要是城镇住房）外，居民部门缺乏其他载体用以实现财富的保值、增值①。在很大程度上，也正是由于以上因素，使得中国居民住房价格持续走高：2014—2019 年城镇住宅新房每平方米价格从 5933 元升至 9287 元，年均涨幅高达 9.4%，明显高于同期的通货膨胀率（如 CPI 或 GDP 平减指数）和法定基准贷款利率。同时，上述的相对规模也明显高于发达经济体。以美国为例，根据 Bureau of Economic Analysis（BEA）数据，2019 年其居民住房占总资产和净资产的比例分别仅为 25.0% 和 28.6%②。

关于金融资产方，近年来在相对规模趋减的同时，其项目结构保持了基本稳定（见图 2-2）。其中，"通货及存款"等传统、风险较低的资产形式仍高达近 36%；"股票及股权"大致反映了居民对企业部门资产的终极所有权加总，其占比从 2015 年的 48% 微升至 2019 年的 52%③；在其余项目中，"保险准备金"占比略有提高，"证券基金投资份额"保持稳定、"债券"和"贷款"占比减小。特别是后者，随着近年来的"监管风暴"，其绝对规模在 2017 年达到阶段性顶峰后也开始锐减（见表 2-1）。此外，类似趋势也发生在"非保本理财"（包含于表 2-1"存款"项之中）之中。

总体而言，从以上结构变化可以初步判断，约自 2018 年以来，在出台"资管新规"、清理表外业务、治理互联网金融等监管举措的影响下，中国居民的金融活动——自然也对应于金融机构的相关业务——有重返传统模式的趋势④。在此还值得指出的是，易纲在近期的一篇论文中指出，得益于资管业务的拓展，中国居民金融投资日趋多元，对"存

---

① 李成、汤铎铎：《居民财富、金融监管与贸易摩擦——2018 年中国宏观经济中期报告》，《经济学动态》2018 年第 8 期。

② 需要强调的是，由于制度因素，中国居民住房不包括连带土地的所有权，所以在国际比较时，其住房资产的口径本就窄于土地私有的发达经济体。

③ "股票及股权"的估算方法，李扬等（2018）已进行了较大调整，本书又在第四次全国经济普查基础上修订而来，因此需要注意相关数据同此前估算（如李扬等，2013、2015）的可比性。

④ 李成、汤铎铎：《居民财富、金融监管与贸易摩擦——2018 年中国宏观经济中期报告》，《经济学动态》2018 年第 8 期。

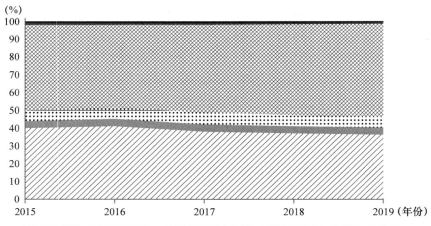

图 2－2　居民金融资产结构

资料来源：课题组估算。

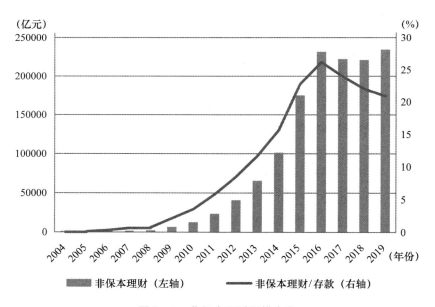

图 2－3　非保本理财规模变化

资料来源：中国人民银行。

款"（不含理财）的依赖有所减弱①。这一结论看似与本书有所差异，但实际上是由考察时段不同所致，并无本质矛盾：易纲一文主要对比了2007年与2018年的相关发展状况，而本书则聚焦于近两三年的情况，而这一时期明显受到"资管新规"等强监管政策的影响。

在对应的负债方，考察期内居民贷款（作为唯一的负债大项）的增幅快于资产，导致居民资产负债率（负债/总资产）和金融资产负债率（负债/金融资产）延续了此前近20年的上升态势（见图2-4）。其中，负债规模的扩张又主要由"住房贷款"的迅速膨胀导致。后者占总负债的比重已经从2014年的39.6%持续上升至2019年的48.4%——这其中尚不含约占负债9.0%的"住房公积金贷款"。由此可知，从负债的视角也表明，近年来居民资产负债表的扩张同房地产市场发展及相关的金融活动高度相关。

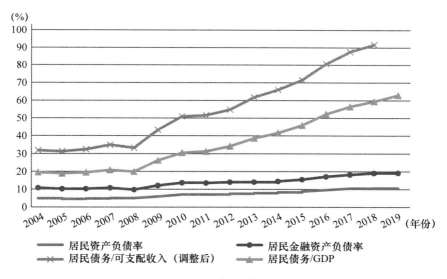

图2-4 居民部门的债务扩张

资料来源：资产数据为课题组估算；GDP、可支配收入（调整后）来自《中国统计年鉴2020》。

上述的负债扩张直接同居民部门的债务风险相关。大致看来，近年

---

① 易纲：《再论中国金融资产结构及政策含义》，《经济研究》2020年第3期。

来中国居民的债务风险呈现出水平较低，但上升速度较快的特点。以反映居民最终清偿能力的居民资产负债率为例（见图2-4），在后金融危机时期，已经从2008年的5.0%升至2019年的10.8%，而同期美国的同类指标则从18.9%降至12.4%。据此判断，两国显然处于债务积累周期的不同阶段。此外，图2-4还显示，如果将债务同能够直接反映每期偿债能力的"收入流"相比，中国居民"加杠杆"的趋势甚至更为突出：2004—2019年，居民债务/GDP从20%升至63%；2004—2018年，居民债务/可支配收入从33%升至92%。特别是后一比率可以被直观地理解为居民人均债务存量已经接近其一年收入①。

　　对此，借助OECD有关跨国数据，我们还可在更广范围进行国际比较。从图2-5和图2-6可见，中国居民债务占可支配收入的比重近年上升明显，并且已经接近主要发达国家（其中，在2017年超过意大利），大幅超过了巴西、俄罗斯等新兴市场大国的水平②。当然，由于统计口径的差异，对上述跨国比较的结果需要保持警惕，切不可过度解

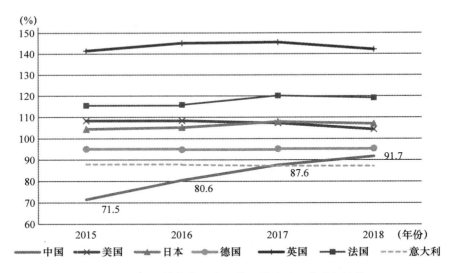

图2-5　居民债务占可支配收入的比重：发达经济体

资料来源：中国数据来自课题组估算及国家统计局；其他国家数据来自OECD Statistics。

----

① 需要指出的是，此处应用的"可支配收入"为资金流量表口径，其数值一般小于国家统计局入户调查口径的同类指标。

② 此处未包含印度、南非等国家，主要受限于数据可得性。

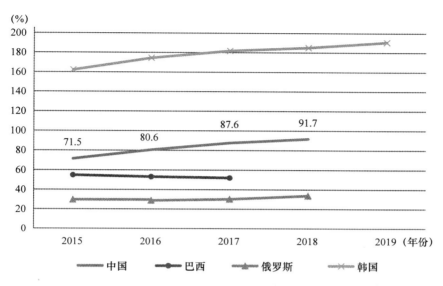

图 2-6　居民债务占可支配收入的比重：新兴市场经济体

资料来源：中国数据来自课题组估算及国家统计局；其他国家数据来自 OECD Statistics。

读具体的水平值差异，但相关趋势变化值得高度关注。尤其是在经济增速换挡、居民收入在国民收入分配中占比依然偏低的条件下，债务/收入比率可能还会进一步升高。

除上述视角外，中国居民部门债务风险也可从相关的期限结构观察。实际上，如图 2-7 所示，近年来居民中长期（1 年及以上）贷款比重有所上升，但这一趋势在 2017 年起开始消失，基本维持在 71%—72% 的较窄区间。其中，在消费贷款中（其中近 90% 为住房贷款），中长期占比为 75%—80%；在经营贷款中，中长期占比为 45%—50%。如横向对比美国，中国居民债务的期限结构尚属稳健，由其错配导致的风险处于较低水平。而美国的相应比例（口径稍有不同：中长期贷款全部为住房按揭贷款）在同期持续下降。

尽管有以上问题与风险点，更应指出，目前中国居民贷款的安全性整体较高，实际违约尚较为罕见。根据中国人民银行公布的历年《中国金融稳定报告》，近年来个人贷款不良率均低于银行贷款整体不良率。其中，作为贷款的主体部分，个人住房贷款不良率在近十年来，都维持在 0.3%—0.4% 的低位，明显低于同期美国居民住房按揭贷款违

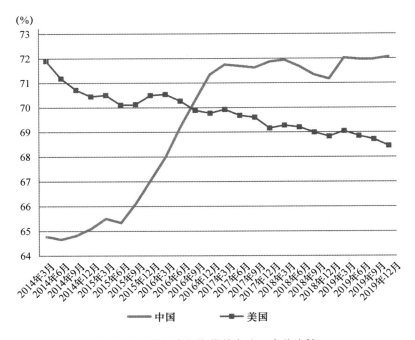

图 2-7　居民中长期贷款占比：中美比较

资料来源：中国数据来自中国人民银行《本外币信贷收支表》；美国数据来自 Bureau of E-
conomic Analysis（BEA）。

约率。如"标普—益百利消费者信用违约指数"（S&P Experian Con-
sumer Credit Default Indices）显示，尽管自国际金融危机以来，美国居
民按揭贷款（初次按揭，first mortgage）违约率呈趋势性下降，但在
2017—2019 年仍为 0.6% — 0.8%[1]。

　　最后，作为资产和负债的差值，近年来中国居民净资产的增长也较
为迅速。2015—2019 年净资产总量从 328 万亿元升至 513 万亿元，人
均净资产从 23.9 万元升至 36.7 万元，稍快于同一时期的名义 GDP 增
速，但慢于总资产和负债的扩张。表 2-4 进一步对比了中、美两国的
相关指标（为便于比较，均折合为现价美元值）。从表 2-4 中可以看

---

① Li, Cheng, "China's Household Balance Sheet: Accounting Issues, Wealth Accumulation, and Risk Diagnosis", *China Economic Review*, No. 51, 2018, pp. 97 - 112.

出，在考察期内，中国在财富的流量（以 GDP 衡量）和存量（以净资产衡量）上均同美国有较大差距，而且相对而言，在前者上的差距较小，而在后者上的差距稍大，且趋势不稳定。显然，这同两国所处的发展阶段不同、工业化起点有别、国民财富所有制结构相异等因素有关，但也在一定程度上提示了中国经济发展质量偏低、财富持续积累动能不足、低效重复建设普遍等"老、大、难"问题依然突出。

表 2 - 4　　　　　　　　　中美居民净资产及 GDP 对比

项目	2015 年	2016 年	2017 年	2018 年	2019 年
中国居民净资产（10 亿美元）	52593	55090	59325	69022	74309
美国居民净资产（10 亿美元）	90629	95912	104793	105727	117335
中国居民人均净资产（美元）	38355	39959	42791	49559	53165
美国居民人均净资产（美元）	282654	296996	322456	323635	357469
中国/美国（GDP）（%）	60.7	60.0	63.2	67.7	67.1
中国/美国（净资产）（%）	58.0	57.4	56.6	65.3	63.3
中国/美国（人均 GDP）（%）	14.2	14.1	14.8	15.9	15.8
中国/美国（人均净资产）（%）	13.6	13.5	13.3	15.3	14.9

资料来源：中国净资产数据来自课题组估算，并以国家统计局公布的年均人民币兑美元汇率折算；美国净资产数据来自 Bureau of Economic Analysis（BEA），2020 年 6 月 19 日。GDP、人均 GDP 数据来自世界银行 World Development Indicators（WDI）数据库。

2.3 居民财富（住房）对消费的影响

近年来，在投资需求趋缓、全球化出现变局等因素的影响下，国内消费日益成为拉动经济增长的最主要的需求侧动力，对 GDP 增速的贡献份额接近 60%。而在 2020 年提出的以国内、国际"双循环"为主要特征的新发展格局之下，消费对经济发展的基础性作用可谓空前凸显。然而，由于社会保障不足、贫富差距拉大、消费信贷受限、国内市场流通不畅以及文化习俗等多种复杂因素，近年来居民消费率整体偏低的状况并未改变。从图 2 - 8 的国际比较可见，中国的这一比率明显低于主要发达和新兴市场国家，并且与世界均值也有较大差距。但与此同时，如上文所述，居民财富（尤其是其中规模最大的项目，即住房资产）持续积累，相关贷款不断膨胀，而重点城市房价在频繁调控之下虽时有调整（主要在2018年），但整体上依旧呈现上行态势，即使在新冠肺炎疫情的冲击下也未改变。其中，成都、无锡、武汉、深圳、杭州等地同比增幅都在5%以上（见表2-5）。在此背景下，居民持有的存量财富，特别是快速增长的住房资产如何影响其消费支出自然成为极其重要的理论和政策议题。

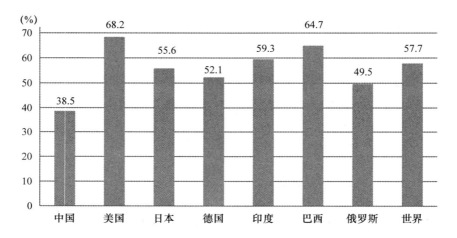

图2-8 居民最终消费占GDP的比重（2018年）

资料来源：世界银行，WDI数据。

应当明确，从理论上看，财富对消费的影响受到多种因素的限制，并无决定性的方向。或者非严格地讲，住房等资产价值提高，既可能对消费支出产生所谓的"挤出效应"，又可能对之发挥"促进效应"。至于两种影响何者占优，往往化为实证问题，需要结合经验数据进行判断。

关于背后的理论机制，"挤出效应"，即由于增加了购房、还贷等支出，进而降低消费从直观上较易理解，也是近年来中国学者和决策部门关注较多的议题①。相对而言，财富对消费的"促进效应"可能难以

————————

① 值得一提的是，结合有关中国经验，也有学者将类似机制更加形象地称为"房奴效应"。参见颜色、朱国钟《"房奴效应"还是"财富效应"？——房价上涨对国民消费影响的一个理论分析》，《管理世界》2013年第3期。

表2-5 15个热点城市新建商品住宅同比价格指数（2017年3月至2020年9月）

时间 城市	2017年				2018年				2019年				2020年		
	3月	6月	9月	12月	3月	6月	9月	12月	3月	6月	9月	12月	3月	6月	9月
北京	120.6	111.5	100.5	99.8	99.4	99.9	100.4	102.3	103.2	103.9	104.7	104.8	104.1	103.6	103.8
天津	121.5	112.9	101.8	100.1	100.4	101.2	101.9	101.7	101.8	102.2	101.7	101.4	100.1	100.0	100.8
上海	119.8	110.0	99.9	100.2	99.7	99.8	99.8	100.4	101.2	102.0	102.7	102.3	102.4	103.7	104.5
南京	128.9	113.6	101.4	98.6	98.3	98.2	98.7	100.7	102.3	104.3	105.8	104.1	103.3	106.1	104.3
无锡	131.8	122.9	104.9	98.9	98.4	97.8	103.6	105.2	107.3	110.4	108.0	108.7	109.0	109.0	108.7
杭州	123.0	114.6	102.2	99.4	99.6	100.3	102.4	105.6	106.6	109.1	108.2	105.0	105.2	105.2	105.1
合肥	134.7	115.4	101.0	99.8	99.6	99.8	102.9	104.2	106.7	107.7	105.7	103.9	102.3	101.4	101.4
福州	121.3	114.1	101.5	98.3	98.2	99.5	105.1	108.5	109.8	110.8	107.4	104.2	104.0	103.7	103.2
厦门	132.3	114.7	102.6	102.2	100.1	100.7	100.5	99.6	100.7	101.2	103.3	103.9	103.5	103.1	102.8
济南	118.1	115.9	105.1	100.9	100.9	103.9	112.3	115.9	117.2	114.5	106.4	100.5	97.8	96.9	97.1
郑州	125.4	120.2	103.2	99.3	99.2	103.2	107.3	109.4	110.5	107.5	104.8	101.7	100.5	99.6	99.3
武汉	121.2	114.9	104.8	100.6	101.2	102.3	105.2	110.8	113.4	114.6	114.9	111.8	109.5	107.9	106.4
广州	122.9	117.9	109.4	105.5	100.8	101.5	104.3	108.3	111.9	110.5	109.0	104.7	101.7	100.5	102.1
深圳	109.2	102.7	96.2	97.0	97.7	98.7	100.0	100.1	100.3	101.3	102.0	103.6	105.2	105.3	105.3
成都	104.1	102.1	97.2	99.4	100.8	105.3	108.9	112.7	114.7	113.0	112.8	110.6	110.5	110.0	109.5

资料来源：国家统计局。

直接察知，所以此处略作介绍。概言之，这一途径主要依赖于三种具体机制：其一，经典的"财富效应"（wealth effect）由美国著名经济学家、诺奖得主莫迪利安尼提出[1]，并引发了较多讨论。该观点从"生命周期"（life cycle）或"持久收入"（permanent income）假说的视角，认为消费者的支出不由当前收入决定，而是由其整个生命周期的收入或持久收入决定。所以，当其财富增值后（如房价、股票出现上涨时），其预期的此类收入也相应增加。此时，试图跨期平滑消费的理性人也会提高本期支出。按此逻辑，可以观察到财富与消费的同方向变化。对于这一理论逻辑，Muelbauer 和 Murphy[2]、Case 等[3]、Campbell 和 Cocco[4]以及 Carroll 等[5]基于不同地区的数据，提供了支持性的经验证据。其二，财富的消费促进效应还可通过"预防性储蓄"（precautionary saving）的途径实现。简言之，财富增值可以减少因应对不时之需而出现的预防性储蓄，从而促进了消费。就此，基于理论或实证视角，Sheiner[6]、Gale 和 Sabelhaus[7]、Carroll 和 Kimball[8]以及 Gan[9]对之进行了深入讨论。其三，在金融市场充分发展的条件下，住房等资产也可以发挥"抵押品"的功能，从而帮助消费者跨越当期预算的约束，更好地在多

---

[1]　Modigliani, Franco, "The Life-cycle Hypothesis of Saving and Intercountry Differences in the Saving Ratio", in *Induction, Growth, and Trade: Essays in Honor of Sir Roy Harrod*, ed. W. A. Elits, M., F. Scott, and J. N. Wolfe, Oxford University Press, 1970, pp. 197 – 225.

[2]　Muelbauer, J., and Murphy, A., "Is the UK Balance of Payments Sustainable?", *Economic Policy*, Vol. 11, No. 3, 1990, pp. 345 – 383.

[3]　Case, Karl, Quigley, John, and Shiller, Robert, "Comparing Wealth Effects: The Stock Market Versus the Housing Market", *The B. E. Journal of Macroeconomics*, Vol. 5, No. 1, 2005, pp. 1 – 34.

[4]　Campbell, John Y., and Cocco, Joao F., "How do House Prices Affect Consumption? Evidence from Micro Data", *Journal of Monetary Economics*, Vol. 54, No. 3, 2007, pp. 591 – 621.

[5]　Carroll, C., Otsuka, M., and Slacalek, J., "How Large are Housing and Financial Wealth Effects? A New Approach", *Journal of Money, Credit, and Banking*, Vol. 43, No. 1, 2011, pp. 55 – 79.

[6]　Sheiner, Louise, "Housing Prices and the Savings of Renters", *Journal of Urban Economics*, Vol. 38, No. 1, 1995, pp. 94 – 125.

[7]　Gale, William G., and John Sabelhaus, "Perspective on the Household Savings Rate", *Brookings Papers on Economic Activity*, Vol. 30, No. 1, 1999, pp. 181 – 224.

[8]　Carroll, C., and Kimball, M., 2006, "Precautionary Saving and Precautionary Wealth", CFS Working Paper, No. 2006/02, Goethe University.

[9]　Gan, Jie, "Housing Wealth and Consumption Growth: Evidence from a Large Panel of Households", *The Review of Financial Studies*, Vol. 23, No. 6, 2010, pp. 2229 – 2267.

期平滑支出，以增进福利。这一途径，也被 Aron 和 Muellbauer[1]、Campbell 和 Cocco[2]、Mian 等[3]、Aladangadi[4] 的计量研究直接或间接地证实。

因此，财富的积累能否促进消费，并不依赖于某种单独的机制，特别是所谓的"挤出效应"，并非逻辑必然。实际上，单就中国经验而言，各方研究发现也存在较大分歧。一方面，"挤出效应"（指占优）得到一些研究的支持。如借助国家统计局城镇住户调查（UHS）数据，陈斌开和杨汝岱通过土地供给的视角，发现房价上涨时，城镇居民的储蓄倾向提高，消费受到抑制[5]。应用另一微观数据来源——中国家庭金融调查（CHFS），李雪松和黄彦彦也得到了类似结果，即房价上行使得居民拥有多套住房的动机增强，"为购房而储蓄"和"为还贷而储蓄"的现象更为明显[6]。基于相同的调查数据，李江一发现购房行为降低了居民边际消费倾向，并由于还贷压力，导致消费遭遇严重的流动性约束[7]。但同样借助 CHFS 数据，张大永和曹红得出了几乎是相反的结果，即财富增值对消费存在显著的促进作用，而且住房资产对消费的影响大于金融资产[8]。借助 CFPS 数据，陈训波和周伟也证实了这种"财富效应"，但不同于发达国家较为便利的房产抵押模式，中国居民住房资产升值对消费的促进作用要弱于金融资产[9]。显然，这与上述的张大

---

① Aron, Janine, and Muellbauer, John, 2006, "Housing Wealth, Credit Conditions and Consumption", *CSAE Working Paper Series* 2006 – 08, Centre for the Study of African Economies, University of Oxford.

② Campbell, John Y., and Cocco, Joao F., "How do House Prices Affect Consumption? Evidence from Micro Data", *Journal of Monetary Economics*, Vol. 54, No. 3, 2007, pp. 591 – 621.

③ Mian, Atif, Rao, K., and Sufi, A., "Household Balance Sheets, Consumption, and the Economic Slump", *Quarterly Journal of Economics*, Vol. 128, No. 4, 2013, pp. 1687 – 1726.

④ Aladangady, Aditya, "Housing Wealth and Consumption: Evidence from Geographically-linked Microdata", *American Economic Review*, Vol. 107, No. 11, 2017, pp. 3415 – 3446.

⑤ 陈斌开、杨汝岱：《土地供给、住房价格与中国城镇居民储蓄》，《经济研究》2013年第1期。

⑥ 李雪松、黄彦彦：《房价上涨、多套房决策与中国城镇居民储蓄率》，《经济研究》2015年第9期。

⑦ 李江一：《"房奴效应"导致居民消费低迷了吗?》，《经济学》（季刊）2017年第1期。

⑧ 张大永、曹红：《家庭财富与消费：基于微观调查数据的分析》，《经济研究》2012年第1期。

⑨ 陈训波、周伟：《家庭财富与中国城镇居民消费：来自微观层面的证据》，《中国经济问题》2013年第2期。

永和曹红的发现相反。仍基于 CFPS 数据，李育和刘凯指出，房产增值对自有住房家庭的消费具有显著的正向影响，并且这种"财富效应"对不同收入水平的家庭程度也不同①。

当然，也有较多研究得出了更具"混合性"的结果。例如，李涛和陈斌开利用 UHS 数据，区分了生产性固定资产和非生产性固定资产（指住房资产），并指出前者对消费有明显促进，而后者的这一效应微弱②。基于 CHFS 数据，赵振翔和王亚柯的研究表明，在购房行为的不同阶段，其对消费的影响也有差别③。计划购房时，会增加储蓄、减少消费，而购房后则情况相反。此外，基于 CFPS 数据，裴育和徐炜锋虽未发现明显的财富对消费的正向影响，但也提示了房产增值导致预防性储蓄减少，进而刺激消费这一机制④。除以上实证研究外，颜色和朱国钟通过城镇人口年龄结构数据，在其理论模型的基础上模拟了房价对消费的影响；该文认为，如果房价不能够持续上涨，则购房支出会显著地抑制消费，但反则反之⑤。

上述结果的复杂性实际上也暗示着，房地产市场发展过程中出现的一系列直接问题与间接后果，包括价格高企、信贷冲动、空置普遍、扭曲资源配置等，其根源——因此也包括解决之道——可能在房地产之外。特别的，在中国居民住房自有率较高⑥、改善型住房需求强烈、消费需求长期受限、财产性收入偏低等多重因素的影响下，财富积累对消费的正向带动作用可能更为明显。因此，通过适当的政策举措，完全有可能实现房产财富与消费支出两者的良性互动，进而促进房地产市场与

---

① 李育、刘凯：《房产财富与购房决策如何影响居民消费》，《人文杂志》2019 年第 6 期。

② 需要注意的是，与多数中外文献不同，李涛和陈斌开又将财富对消费的促进作用区分为"资产效应"和"财富效应"。参见李涛、陈斌开《家庭固定资产、财富效应与居民消费：来自中国城镇家庭的经验证据》，《经济研究》2014 年第 3 期。

③ 赵振翔、王亚柯：《"房奴效应"存在吗？——购房行为对我国家庭消费和储蓄的影响研究》，《华中科技大学学报》（社会科学版）2019 年第 6 期。

④ 裴育、徐炜锋：《中国家庭房产财富与家庭消费——基于 CFPS 数据的实证分析》，《审计与经济研究》2017 年第 4 期。

⑤ 颜色、朱国钟：《"房奴效应"还是"财富效应"？——房价上涨对国民消费影响的一个理论分析》，《管理世界》2013 年第 3 期。

⑥ 如据甘犁等的调查数据，2013 年中国居民拥有住房比率高达 90.8%。参见甘犁、尹志超、谭继军《中国家庭金融调查报告》（2014），西南财经大学出版社 2015 年版。

消费市场的协同发展。

2.4 结语与政策启示

参照规范的国民经济核算框架及最新统计数据,本章在 2018 版的基础上首先对近年来中国居民部门的资产负债表进行了小幅调整与修订,并将有关数据更新至 2019 年。随后,通过纵向、横向等比较,并结合房地产调控、金融监管、"双循环"等政策举措背景,对中国居民部门的资产、负债、财富等进行了简要的统计分析。最后,本章就财富—消费关系,特别是住房资产对居民消费的促进与挤出效应进行了理论梳理和观点总结。

综合各种指标与分析可以判断:在更新的估算时期,中国居民部门的财务状况基本延续了近年的趋势,即同收入增长相比,中国居民部门的资产、负债、净资产等规模扩张速度更快,并且出现了负债相对规模增加、金融资产向以存款为主的传统模式回归等结构性变化。需要特别指出的是,财富积累与贷款增加仍主要围绕住房资产价值变化及相关金融活动展开。目前看来,相应的资产负债结构尚较为稳健,清偿压力不高,期限配置也主要面向中长期,因此总体上的债务风险较低。尽管如此,从其变化趋势看,相关前景也不容乐观。特别是在新冠肺炎疫情的背景下,如果增长放缓与信贷扩张同时出现,势必导致包括居民在内的各部门的债务杠杆率升高,而过多集中在房地产显然也极不利于风险的分散。不难想见,在这一情况下,如果房价的上行逻辑改变,很可能触发一系列顺周期的金融活动,造成局部甚至是系统性风险的积聚。

基于以上认识,可以得出若干政策启示。从整体上看,一方面,应通过减税降费、推进要素市场化改革、提升人力资本质量、鼓励引导"非公"经济发展等多种举措,继续提高国民收入中居民部门的分配比重,努力实现"藏富于民"。显而易见,这是保持财富持续积累,并提高消费能力的根本途径。当然,在这一过程中还要通过累进型税制设计、财政转移支付、区域协同发展战略、倾斜性产业政策、普惠金融服务以及竞争政策与反垄断等措施手段,调节不同地区、行业、人群之间在收入与财富上的差距，防止贫富两极分化及由此造成的资产闲置和消费倾向下降。另一方面，需要鼓励引导与居民直接相关的金融深化与服务创新，拓宽资产保值增值的渠道与载体。与此同时，也应通过加强金融监管、普及投资者教育、打破"刚性兑付"等举措，使得居民的财产权利和风险承担相互匹配，避免其中的道德风险和负外部性，特别是由信贷链条导致的部门间风险传染。以此实现居民资产负债表持续、平衡、健康的扩张。

具体到房地产发展，应充分认识到财富、信贷过于集中于房地产虽是基本事实，但其原因颇为复杂，而非仅由积累住房资产，甚至投机"炒房"所致。其中，上文提及的财富积累渠道过于单一、金融市场深化不足、居民预防性储蓄和遗赠动机强烈、国内循环成本高昂、实体部门景气偏弱等都是导致房价长期走高与消费低迷共存的重要原因。基于以上认识，应当在坚持党的十九大提出的"房住不炒"政策定位的基础上①，按照近期中央在"十四五"规划和"2035年远景目标"中提出的"推动金融、房地产同实体经济均衡发展"的指导要求②，使房地产投资、建设、交易、服务以及相关金融业务平稳健康发展。同时，按照"因城施策、分类指导"的原则，建立健全房地产市场调控的长效机制，减少相关政策的不确定性，并充分发掘其对消费的正向带动作用，避免"妖魔化"与房地产相关的经济活动。为此，改进公共服务质量、完善城乡基础设施、改造老旧小区与棚户区、加大保障房供给、探索"以房养老"等新型赡养模式、规范房屋租赁市场、改革农村土地及住房制度等，都是既有利于居民财富增值，又能促进消费的"两全之策"。

---

① 习近平：《决胜全面建成小康社会 夺取新时代中国特色社会主义伟大胜利——在中国共产党第十九次全国代表大会上的报告》，人民出版社2017年版。

② 参见中共中央《关于制定国民经济和社会发展第十四个五年规划和二〇三五年远景目标的建议》。此外值得指出的是，在2020年12月召开的中央经济工作会议中，中央再次明确了"促进房地产市场平稳健康发展"的工作要求。

3

非金融企业部门资产负债表

3.1　引　言

本章沿袭《中国国家资产负债表2018》（以下简称2018版）的框架和方法，更新中国非金融企业部门资产负债表。如图3－1所示，估算所依赖的基础数据仍然是四部分，即不同口径非金融企业部门资产负债表、经济普查数据、资金流量表和金融统计数据。除了更新原有数据外，本次估算也有值得一提的新增数据：第四次经济普查，建筑业、第三产业和房地产开发企业资产负债表，以及《固定资产统计年鉴》等其他数据资料。基础数据的不断更新和补充，估算方法的不断改进和完善，使得相关估算更加稳健和可靠，有助于更加深入和全面地认识和理解中国非金融企业部门。

国际金融危机爆发以来，非金融企业资产负债表信息在宏观经济分析中扮演着越来越重要的角色。很多研究不只关注总量资产负债表，而且开始详细分析微观数据。例如，Espinoza等建立了一个非金融企业资产负债表数据库，包括49个国家的约50万家公司[1]。他们利用这个数据库研究了公共投资对私人投资的挤出效应，发现结果取决于杠杆效应和财务约束，即公共投资促进了低杠杆企业的私人投资，但是公共投资对有财务约束的企业的影响要弱得多。Crouzet和Mehrotra利用

---

[1] Espinoza, Raphael, Juliana Gamboa-Arbelaez, and Mouhamadou Sy, "The Fiscal Multiplier of Public Investment: The Role of Corporate Balance Sheet", MF Working Paper, No. ex. 20/xx, 2020.

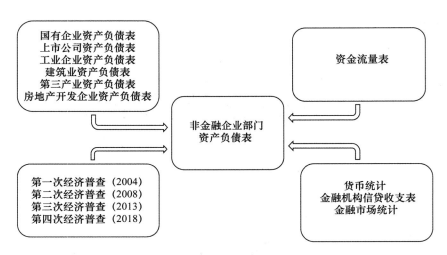

图 3 - 1　主要数据框架

美国人口普查局的季度财务报告进行研究，收集了制造业、零售业和批发行业的收入报表和资产负债表①。他们以总资产规模为标准，将所有企业分为前 1% 的大企业和后 99% 的中小企业，发现中小企业比大企业对经济周期的波动更加敏感，但是对经济的总体波动影响却并不大。Avdjiev 等的研究关注新兴市场非金融企业的负债结构，发现相较于政府和居民，非金融企业部门借了更多外债②。在全球经济面临压力，国际信贷变化无常的时候，这些非金融企业很容易受到资本流动逆转的影响。

可见，随着数据搜集和处理能力的不断增强，除了利用微观数据编制总量资产负债表，再通过分析总量资产负债表来刻画和理解非金融企业部门的行为，直接处理和分析大量的微观企业资产负债表数据，可以获取更多信息，得到更稳健的结论。

①　Crouzet, Nicolas, and Neil R. Mehrotra, "Small and Large Firms over the Business Cycle", *American Economic Review*, Vol. 110, No. 11, 2020, pp. 3549 - 3601.

②　Avdjiev, Stefan, Patrick McGuire, and Goetz von Peter, "International dimensions of EME corporate debt", *BIS Quarterly Review*, June, 2020.

3.2　数据概览

本小节对图 3 - 1 所涉及的数据进行描述和展示，重点说明新增数据所提供的信息和在估算中的使用。在估算非金融企业部门资产负债表之前，需要厘清一些数据细节，明确各部分数据之间的关系。另外，相较于估算结果，这些数据本身所包含的信息要丰富得多，全面了解这些数据也有助于更深入地理解中国非金融企业部门。

第四次经济普查

在前三次经济普查中，第二次和第三次的数据覆盖面要小于第一次，造成估算非金融企业部门资产负债表所依赖的数据质量下降[①]。2018 年第四次经济普查数据质量明显优于前两次，实现了所有国民经济行业门类的基础财务指标全覆盖，使资产总量、负债总量、营业收入等项目可以同口径跨行业对比。第二次和第三次经济普查存在的分行业负债总量数据缺失问题，在第四次经济普查中得以弥补。信息传输、计算机服务和软件业、租赁和商务服务业等行业的负债总量再次公布，为补全前两次经济普查缺失的分行业负债总量提供了基准。另外，第四次经济普查综合卷企业篇将企业调查范围从小微企业扩大至所有企业，将营业状态、营业收入、资产总计等指标分组统计，更详细地介绍了企业法人单位的情况；在产业卷工业企业篇，以往的经济普查只统计全行业、规模以上及大中型企业三个口径，第四次经济普查则将全行业细分为大型、中型、小微型、大中型四部分披露。更多此类信息的统计和披露，有助于更深入地研究和理解中国非金融企业部门的整体状况。

本章利用第四次经济普查数据补全第二次和第三次经济普查缺失的行业负债总量。过程如下：（1）使用第四次经济普查公布的资产总量

---

① 李扬、张晓晶、常欣等：《中国国家资产负债表 2015——杠杆调整与风险管理》，中国社会科学出版社 2015 年版；李扬、张晓晶、常欣等：《中国国家资产负债表 2018》，中国社会科学出版社 2018 年版。

和负债总量数据计算出分行业资产负债率；（2）利用第四次经济普查的分行业资产负债率按线性方式推算出第二次和第三次经济普查缺失负债总量行业的资产负债率；（3）在补全各行业资产负债率的基础上，通过第二次和第三次经济普查的分行业资产总量与对应资产负债率相乘可补全缺失的行业负债总量；（4）汇总所有分行业资产总量和负债总量得到经济普查年份非金融企业部门资产总量和负债总量，如表3－1所示。

表3－1　　　　　　经济普查年份非金融企业部门资产负债概况

年份	企业户数（万户）	资产总额（亿元）	负债总额（亿元）	所有者权益（亿元）
2004	514.5	559463	321541	237922
2008	707.1	1160483	673029	487454
2013	1082.6	3045603	1819301	1226302
2018	1857.0	5685000	3423000	2262000

资料来源：历年《中国经济普查年鉴》及作者计算。

每次经济普查都要动用大量人力、物力，其数据无疑是最全面、最可靠的。因此，表3－1是进行估算的重要基础，后文的估算过程都以此为基准展开。2018年，中国非金融企业部门总资产为568.5万亿元，总负债为342.3万亿元，资产负债率为60.2%。2004—2018年的15年间，非金融企业部门总资产扩张了10倍，资产负债率上升了2.7个百分点，2013—2018年资产负债率的上升有所减缓。

不同口径非金融企业部门资产负债表

2018版利用了三张不同口径非金融企业部门资产负债表：工业企业资产负债表、国有企业资产负债表和非金融上市公司资产负债表。本次估算对三张表进行了更新，如表3－2、表3－3和表3－4所示。此外，本次估算还增加了三张表，即建筑业资产负债表、第三产业（非金融）企业资产负债表和房地产（开发企业）资产负债表，如表3－5、表3－6和表3－7所示。

单位：亿元

表3-2　工业企业资产负债表

项目 年份	企业户数 （万户）	资产总计	固定资产	流动资产	应收账款	存货	负债合计	流动负债	应付账款	所有者权益	实收资本
1999	16.20	116969	—	49630	—	—	72323	—	—	44619	—
2000	16.29	126211	—	54338	—	—	76744	—	—	49407	—
2001	17.13	135402	—	57805	—	—	79843	—	—	55424	—
2002	18.16	146218	—	63468	—	—	85857	—	—	60242	—
2003	19.62	168808	75561	76164	18360	20757	99528	73414	17848	69130	43480
2004	27.65	215358	92237	97184	23084	27515	124847	94649	25420	90287	58050
2005	27.18	244784	105952	111031	26646	31379	141510	108412	29847	102882	61966
2006	30.20	291215	125190	132310	31692	36999	167322	128180	35370	123403	71313
2007	33.68	353037	146702	163260	38691	45289	202914	157912	43519	149876	82732
2008	42.61	431306	179192	195682	43934	54109	248899	190116	51067	182353	104086
2009	43.44	493693	207356	223039	51400	56725	285733	214406	58168	206689	111189
2010	45.29	592882	238098	279227	61441	69790	340396	257996	71376	251160	122495
2011	32.56	675797	253198	327779	70502	80583	392645	298911	81392	282004	144684
2012	34.38	768421	283951	368201	84043	88325	445372	337527	91417	320614	161030
2013	36.98	850626	316231	413491	97403	97119	505694	380846	104106	361263	173673

续表

年份	企业户数（万户）	资产总计	固定资产	流动资产	应收账款	存货	负债合计	流动负债	应付账款	所有者权益	实收资本
2014	37.79	956777	355788	445742	107437	102874	547031	411635	112819	405982	188295
2015	38.31	1023398	377568	469207	117246	102804	579310	431885	116886	440933	213182
2016	37.86	1085866	390279	500853	126847	106963	606642	456469	128214	476105	239845
2017	37.27	1121910	367405	534081	135645	113305	628016	479115	139985	490835	251175
2018	37.50	1153251	326730	565178	146083	118975	653871	—	—	493108	—
2019	37.78	1205869	—	591231	156298	119226	681085	—	—	517500	—

资料来源：历年《中国工业统计年鉴》，WIND。

表 3 - 3　　国有企业资产负债表

单位：亿元

年份	企业户数（万户）	资产总额	流动资产	长期投资	固定资产	无形资产	负债总额	流动负债	长期负债	所有者权益	实收资本	资本公积
1998	23.8	134780	55751	10978	63008	2182	84409	56018	26600	50371	31365	17957
1999	21.7	145288	59352	11995	68553	2434	91475	59500	29379	53813	32992	19951
2000	19.1	160068	66826	12679	74664	3113	102092	63518	32588	57976	36396	20919
2001	17.4	166710	66786	13662	79835	3796	105273	63997	33229	61436	39098	21418
2002	15.9	180219	69747	15438	88031	4266	113676	66604	36786	66543	41722	23055

续表

项目 年份	企业户数（万户）	资产总额	流动资产	长期投资	固定资产	无形资产	负债总额	流动负债	长期负债	所有者权益	实收资本	资本公积
2003	14.6	199710	79442	16690	94688	4733	128719	76336	40374	70991	44525	23207
2004	13.6	215602	84331	16996	105760	5235	138839	81000	43702	76763	46837	24695
2005	12.6	242560	92361	19311	120301	6238	155173	89170	48798	87387	50117	28077
2006	11.6	277308	104716	21545	137760	7375	179294	100451	57549	98014	51459	33747
2007	11.2	347068	147074	23669	117716	10423	202473	135936	81527	144596	54954	40797
2008	11.0	416219	173364	26665	130653	15076	250008	159820	90189	166211	61056	45480
2009	11.1	514137	212868	30451	152283	19900	315417	188216	127201	198720	67974	57422
2010	11.4	640214	265812	35816	175159	25241	406043	246902	159141	234171	74169	68081
2011	13.6	759082	318262	42154	200923	31815	486091	299288	186803	272991	83765	80922
2012	14.7	894890	374756	50607	228190	15336	575135	348279	226856	319755	92960	100884
2013	15.5	1040947	440696	59419	254680	49547	670975	405810	265165	369973	102257	121564
2014	16.1	1184715	503143	56449	280910	53597	765956	456546	309410	418759	111960	131767
2015	16.7	1406832	594067	66282	303506	61172	924417	563026	361391	482414	129266	150781
2016	17.4	1549142	653773	70097	335737	70492	1015215	598640	416575	533927	144028	167312
2017	18.7	1835207	794469	90396	367352	89307	1184611	681549	503062	650596	168884	221834
2018	20.3	2103651	924121	106685	393808	107375	1350366	764464	585902	753285	194876	270686

注：由于四舍五入的问题，加总结果略有出入。

资料来源：历年《中国财政年鉴》。

单位：亿元

表3-4　非金融上市公司资产负债表

项目 年份	资产总计	货币资金	应收票据	应收账款	存货	长期股权投资	固定资产净值	负债合计	短期借款	应付票据	应付账款	长期借款	股东权益
2000	16424	2555	238	2640	2312	1000	5117	7278	2282	319	1034	1138	9146
2001	23719	3428	383	3064	3162	1408	9085	11137	3282	703	1382	2157	12582
2002	28195	3862	539	2450	3585	1579	11430	13787	3781	964	1912	2842	14409
2003	33656	4413	845	3525	4509	1869	13565	16817	4746	1273	2429	3529	16838
2004	39847	4982	923	3978	5616	2190	16150	20878	5736	1517	3034	4405	18967
2005	44615	4934	949	4189	6713	2313	18821	24342	6177	1800	3838	5037	20273
2006	56070	6389	1241	4469	8423	2821	23996	31249	7280	2115	4978	6598	24821
2007	91835	11681	2076	5167	13513	3714	31898	48634	9917	2245	9234	8961	43200
2008	110404	13595	1901	5616	16583	4257	37554	60145	12953	2809	10575	11535	50259
2009	142254	20030	2770	8085	21857	5041	45796	81885	13792	4033	15568	16386	60370
2010	180551	27047	4445	11098	30868	6747	54278	103988	16953	4747	20799	19423	76565
2011	225696	32850	6543	15287	41555	8142	62722	133692	22286	6004	26950	23150	92004
2012	259983	35388	6617	18855	49132	10036	70975	156104	26264	7061	31444	26194	103880
2013	294098	36363	8238	21874	56944	11975	79495	178778	29539	8275	36205	30523	115320
2014	334254	41067	8022	26478	62868	11751	88537	202490	31510	10157	40680	34931	131324

续表

项目 年份	资产总计	货币资金	应收票据	应收账款	存货	长期股权投资	固定资产净值	负债合计	短期借款	应付票据	应付账款	长期借款	股东权益
2015	393865	52330	7839	30158	74334	13426	99910	237285	33306	11769	46066	41616	156580
2016	471158	67957	9558	35995	85576	17721	110158	284584	36262	13220	55538	47049	186574
2017	540998	75703	13177	42660	102738	22508	120072	324979	44344	15185	63214	54973	216019
2018	608155	81632	11820	48259	115167	28152	129347	369291	47304	47966	40316	61629	238864
2019	681904	86051	5693	52370	130268	33132	140024	415082	48014	20417	79715	67576	266821

注：由于四舍五入的问题，加总结果有出入。

资料来源：WIND。

表3-5. 建筑业资产负债表

单位：亿元

项目 年份	企业户数（户）	资产合计	流动资产	应收工程款	库存	固定资产	在建工程	负债合计	流动负债	长期负债	所有者权益	实收资本
2000	47518	14578	10588	—	3281	2970	—	10345	9802	543	4233	3220
2001	45893	16968	12141	—	3531	3572	—	11334	10744	590	5634	4519
2002	47820	20390	14315	3366	4107	4518	—	12986	12324	662	7404	5856
2003	48688	23542	16603	3670	4340	5145	496	14992	14181	811	8549	6541
2004	59018	28565	20327	5364	5269	5550	547	18240	17231	1009	10324	7775
2005	58750	31486	22827	5899	6068	5788	492	20363	19336	1026	11123	8171

续表

项目　年份	企业户数（户）	资产合计	流动资产	应收工程款	库存	固定资产	在建工程	负债合计	流动负债	长期负债	所有者权益	实收资本
2006	60166	36009	26598	6509	6947	6306	517	23376	22228	1147	12633	9033
2007	62074	43029	32010	7608	8396	6917	633	28166	26625	1542	14863	9982
2008	71095	51712	38944	9130	10416	7779	745	34035	32218	1817	17677	11887
2009	70817	62164	47479	11112	12061	8918	837	40916	38396	2520	21249	13284
2010	71863	75222	57945	13899	14236	9776	965	50349	47004	3345	24873	15391
2011	72280	93860	71995	17468	16908	10528	1170	63595	58834	4114	30265	18021
2012	75280	111692	86959	22351	19899	11785	1315	75530	68539	4665	36162	21800
2013	78919	130094	101739	26317	23127	13047	1453	87959	79676	8283	42125	24084
2014	81141	148373	117375	32054	25801	13622	1517	100459	90526	9934	47913	27243
2015	80911	164226	130593	36163	27813	14437	1754	110114	98744	11370	54112	28500
2016	83017	182482	144471	42505	29255	13650	1621	121505	109658	11847	60977	32603
2017	88074	204664	161978	47793	32703	14278	1721	136901	122841	14059	67763	36442
2018	95400	234002	182666	53935	33939	—	2570	159218	141758	17460	74784	39083

注：由于四舍五入的问题，加总结果略有出入。

资料来源：历年《中国建筑业统计年鉴》。

单位：亿元

表3-6　　　　　　　第三产业（非金融）企业资产负债表

行业	2014年			2015年			2016年			2017年			2018年		
	总资产	总负债	所有者权益	总资产	总负债	所有者权益	总资产	总负债	所有者权益	总资产	总负债	所有者权益	总资产	总负债	所有者权益
批发和零售业	387602	252902	134701	401791	262893	138898	449407	294150	155257	487655	324976	162679	534452	363810	170641
交通运输、仓储和邮政业	210704	121410	89294	240173	138554	101618	264136	159671	104465	285634	184498	101136	361727	213664	148063
住宿和餐饮业	22143	14238	7905	23472	15075	8397	24653	15941	8712	25779	16937	8842	27692	18577	9115
信息传输、软件和信息技术服务业	89508	40112	49397	102028	49945	52083	118156	61298	56858	134608	74820	59789	153481	71864	81618
房地产业	631081	461898	169183	711040	527215	183825	820934	616165	204768	965435	735729	229706	1161901	889489	272411
租赁和商务服务业	629819	313588	316231	770652	383501	387151	870969	500006	370963	968508	522001	446508	1117418	584266	533152
科学研究和技术服务业	91098	39962	51136	107447	48237	59211	120207	59011	61197	131752	70968	60785	172710	81967	90743
水利、环境和公共设施管理业	47592	21179	26413	55196	21490	33706	62447	28955	33492	67859	32096	35763	180693	95689	85004

续表

行业	2014年			2015年			2016年			2017年			2018年		
	总资产	总负债	所有者权益	总资产	总负债	所有者权益	总资产	总负债	所有者权益	总资产	总负债	所有者权益	总资产	总负债	所有者权益
居民服务、修理和其他服务业	9635	4478	5157	10820	4601	6218	12327	5389	6938	13369	5556	7813	11274	5448	5826
教育	61590	1784	59806	69132	2213	66919	76670	2747	73923	84092	3654	80438	96063	5204	90859
卫生和社会工作	36792	2355	34437	40939	2848	38090	45343	3608	41735	50319	4530	45789	55918	5413	50505
文化、体育和娱乐业	24904	9003	15901	28559	11809	16750	32317	13693	18624	35165	16197	18968	43265	18268	24996
第三产业（非金融）合计	2242468	1282907	959561	2561248	1468382	1092866	2897566	1760633	1136932	3250175	1991962	1258213	3916592	2353657	1562934

注：由于四舍五入的问题，加总结果有出入。

资料来源：历年《中国第三产业统计年鉴》及作者计算。

表3-7　　房地产（开发企业）资产负债表

单位：亿元

项目/年份	企业数（户）	资产总额	固定资产	负债总额	应付合计	所有者权益	实收资本	主营业务收入	财务费用	本年折旧	营业利润
2001	29552	28567	698	21436	—	7131	6020	5472	—	67	125

续表

项目 年份	企业数（户）	资产总额	固定资产	负债总额	应付合计	所有者权益	实收资本	主营业务收入	财务费用	本年折旧	营业利润
2002	32618	33043	854	24765	—	8279	6751	7078	—	82	253
2003	37123	40486	1010	30699	—	9788	8471	9137	—	97	430
2004	59242	61789	1448	45784	1872	16006	12545	13114	—	139	858
2005	56290	72194	1635	52521	2491	19673	13927	14769	—	157	1109
2006	58710	88398	2000	65477	3055	22921	16172	18047	—	192	1670
2007	62518	111078	2417	82680	4134	28398	19438	23397	499	232	2437
2008	87562	144834	3542	104782	6048	40051	27562	26697	604	340	3432
2009	80407	170184	3333	125043	6356	45142	28966	34606	658	320	4729
2010	85218	224467	3958	167297	8307	57170	36767	42996	763	380	6111
2011	88419	284359	4448	214470	12897	69890	46431	44491	1027	427	5799
2012	89859	351859	5469	264598	16178	87261	54735	51028	1357	525	6001
2013	91444	425244	6531	323228	21420	102016	59988	70707	1593	627	9563
2014	94197	498750	6427	384096	25584	114654	76566	66464	2027	617	6143
2015	93426	551968	6219	428730	28993	123238	78329	70174	2351	597	6166
2016	94948	625734	6667	489750	30916	135983	79278	90092	2528	640	8673
2017	95897	722236	6844	571275	33655	150961	85650	95897	2641	657	11728
2018	97937	852721	9427	674333	—	178383	95325	112925	2838	905	18544
2019	99544	947936	8771	762035	—	185901	105249	110240	—	842	15439

注：由于四舍五入的问题，加总结果略有出入。

资料来源：历年《中国房地产统计年鉴》、CEIC 数据库及作者计算。

　　建筑业在国民经济中占有重要位置，特别是其重资产、准入门槛高、企业户数相对较少的特性，使建筑业的资产负债统计更为容易。早在 1993 年由国家统计局固定资产投资统计司编制的《中国建筑业统计年鉴》中，就有了建筑业基本的资产负债信息。但由于早期统计口径变动频繁，2002 年以前的资产负债数据可比性不强。1993—1995 年统计范围为各种经济成分的建制镇以上建筑业企业，1996—2001 年统计范围变为资质等级（旧资质）四级及四级以上建筑业企业，2002 年及以后统计范围扩大为所有具有资质等级的施工总承包、专业承包建筑业企业（不含劳务分包建筑业企业）。早期的建筑业资产负债表科目信息十分丰富，但 2010 年后长期投资与无形及递延资产科目不再更新，近两年的固定资产科目也有所缺失。即便如此，资产端的流动资产、应收工程款、存货、在建工程科目，负债端的流动负债、长期负债科目，仍包含大量有用信息。通过表 3 – 5 计算可知，2010 年后建筑业的资产负债率长期稳定在 66% — 68%，无明显趋势变化。值得注意的是，建筑业存货的总资产占比自 2012 年开始，从之前 18%—20% 的稳定区间步入下降轨道，2015—2018 年平均为 15.9%。

　　进入第四次经济普查周期以来，第三产业对 GDP 增长贡献率逐步超过第二产业，成为经济成长的主要动能来源，同时第三产业资产与负债两端的成长也是整个非金融企业部门资产负债表扩张的主因。进一步分析第三产业资产负债表对于认清非金融企业部门总体经营情况有重要作用。表 3 – 6 列出了中国第三产业（非金融企业）资产负债情况，数据来自国家统计局按年编制的《中国第三产业统计年鉴》。《中国第三产业统计年鉴》自 2004 年开始公布，2014 年以前的统计资料在描述行业经营活动的统计项目选择上时常更换，特别是在负债项目与行业覆盖的全面性上有较大缺失。因此不同于工业与建筑业资产负债表可以回溯 20 年之久，第三产业直到 2014 年才有第一份包含资产与负债基本信息的资产负债表。对于 2014 年以前的第三产业各行业门类的资产负债，只能通过整体估计的方法得到一个整体层面的数据。第三产业（非金融）的总体资产负债率在第四次经济普查周期内有一定的上升，从 2014 年的 57.2% 到 2018 年的 60.1%。在第四次经济普查周期内第三产业（非金融）总资产增长率为 74.7%，其中水利、环境和公共设施管理业的增长率（280%）最为迅猛，科学研究和技术服务业、房地产业、租赁和商务服务业的增长率也高于平均水平，特别是后两者资产的增长绝对值占到总资产增长的 60% 以上。在负债端，第三产业（非金融）的增长率（83.5%）明显高于资产端。负债增长较快的是教育、卫生和社会工作两个行业，其负债增长率均超过 100%，其他行业的负债增长情况与资产增长相似。

房地产业是课题组所统计的 16 个国民经济行业门类中资产负债率最高的行业，其负债在非金融企业部门总负债中的占比达 26.4%。表 3-7 是房地产企业部门资产负债表，数据来源于国家统计局固定资产投资统计司编制的《中国房地产统计年鉴》。需要注意的是，表 3-7 的数据仅包括房地产开发经营这一中类行业，并非整个房地产业门类。不过，房地产开发经营企业在整个房地产业中占有最重要的地位，其资产与负债情况基本可以代表房地产业的全貌。表 3-7 中的固定资产由当年折旧除以设定的折旧率得到，2019 年固定资产估算值 8771 亿元，资产占比 0.93%，与近几年上市房地产开发公司固定资产平均占比维持在 1% 的水平相差无几，说明资产折旧率的选择是合理的。表 3-7 除了包含总资产、总负债、固定资产等科目外，也提供了一些来自利润表的科目以供参考。房地产开发企业总体资产负债率显著高于非金融企业部门整体水平，2011 年该比例稳定在 75.4%，之后逐步进入上升通道，2019 年资产负债率已升至 80.4%。

各行业固定资产投资

另外，本章还使用《中国固定资产投资统计年鉴》中各行业固定资产投资（不含农户）以及新增固定资产数据，作为固定资产的流量信息推算固定资产存量。国家统计局固定资产投资统计司公布的行业新增固定资产数据涵盖 2003—2017 年，2018 年新增固定资产流量使用当年各行业投资数据乘以平均交付使用率得到。此处对固定资产的定义是，在报告期内建筑安装工程，设备、工具、器具购置，其他费用三个投资组成部分已完成建造且交付使用的资产价值。这样的统计范围不仅涵盖企业会计准则下的固定资产、投资性房地产科目，也包括房地产开发行业当期新建商品房。需要注意的是，从资金流量表中获得的固定资本形成总额，与此处的新增固定资产在统计口径有较大不同，后文的估算结果会更直观地体现出这一区别。许宪春明确指出了二者统计口径上的四点差异[①]：一是全社会固定资产投资包括土地购置费、旧设备和旧建筑物购置费，而固定资本形成总额不包括这些费用；二是固定资产投资不包括城镇和农村非农户 500 万元以下项目的固定资产投资；三是全社会固定资产投资不包括无形固定资产的支出；四是全社会固定资产投资不包括商品房销售增值部分。可见，用永续盘存法估算固定资产时，使用资金流量表中的固定资本形成总额数据，由于不包含土地购置费、旧设备和旧建筑物购置费，会造成低估。另外，固定资产投资价格指数也不能完全反映商品房销售增值，也容易造成低估。下文的估算将充分考虑这些因素。

3.3 估算过程及结果

与 2018 版相同，整个估算过程分为三步。第一步是资产负债表中总资产、总负债和所有者权益的估算；第二步是非金融资产项目的估算；第三步最为烦琐，是金融资产和负债项目的估算，涉及金融中介信用和企业间信用，而金融中介信用又涉及银行业和非银金融业。

资产和负债总量

在数据概览部分，我们已经得到非金融企业部门经济普查年份的资产和负债总量，以及分行业的资产和负债总量。以此为基础，借助不同口径非金融企业部门资产负债表和国民经济统计数据，可以估算非金融企业部门非经济普查年份资产和负债总量。

对工业企业部门而言，通过对比可以发现，经济普查年份全部工业部门总资产与规模以上工业企业总资产的比值非常稳定，为 1.24—1.17。因而，通过简单线性调整以后，就可以等比例测算出非经济普查

---

① 许宪春：《中国国民经济核算中的若干重要指标与有关统计指标的比较》，《世界经济》2014 年第 3 期。

年份工业部门总资产。与工业企业部门不同，建筑业部门资产负债表提供的总资产与经济普查年份全部建筑业总资产的比例并不稳定，为1.11—1.48（见表3-5）。因此，我们使用建筑业增加值作为辅助变量估算非经济普查年份建筑业资产总量。估算过程如下：先算出经济普查年份建筑业资产总量累计增长率，再算出建筑业增加值年增长率，然后利用后者等比例推出前者相应的年增长率，最后得出非经济普查年份建筑业总资产。利用相同的方法可以算出非经济普查年份第三产业总资产，三者相加，即得到非经济普查年份非金融企业部门总资产。非经济普查年份非金融企业部门总负债的估算、方法和过程与建筑业、第三产业总资产估算相同。本书尝试了以M2、信贷总量和非金融企业部门总资产分别做辅助变量进行估算，结果差异不大。本书选择以非金融企业部门总资产为辅助变量的结果，最终结果如表3-8所示。

非金融资产项目

非金融资产主要由三部分构成，即固定资产、存货和其他非金融资产（包括无形资产和递延资产）。估算固定资产一般有两种方法：一是永续盘存法，即利用每年新增固定资产流量进行永续盘存来估算固定资产存量；二是比例替代法，建立在已有的其他口径非金融企业部门资产负债表基础上，以已有资产负债表的相应比例作为需要估算的项目的替代，用总资产乘以替代比例得到估算值。我们将各行业上市公司的固定资产占比看作全行业平均水平，与已估算出的各行业总资产相乘即得到各行业固定资产，加总得到非金融企业部门固定资产总额，结果如图3-2所示。得益于上市公司年报数据的完整性，这种方法相较于永续盘存法简单，但缺点是没有考虑上市公司资产负债结构与行业整体水平存在差异。单就固定资产而言，非金融上市公司较整个非金融企业部门资产偏重，即固定资产偏高。

如前所述，其中永续盘存法的流量又有两种选择，即资金流量表中的固定资本形成总额和《固定资产投资统计年鉴》中的新增固定资产投资。使用前者会漏算土地购置费、旧设备和旧建筑物购置费，在近年来房价和地价不断上涨的环境下，这实际上低估了资产的重新估值效应。使用后者考虑了这种资产重估效应，但是如果逐年累加，实际上会有重

非金融企业部门资产负债表

表 3 - 8

单位：亿元

项目 年份	总资产	固定资产	存货	其他非 金融资产	货币资金	应收账款	其他金融 资产	负债	贷款	应付账款	直接投资	其他负债	所有者 权益
2000	339270	97325	47442	8288	49447	59451	72628	190341	88873	27949	19101	52568	148929
2001	379340	112038	53415	9173	57433	55128	86340	214556	100199	33346	21384	57507	164784
2002	420225	127178	58129	10487	66739	44549	105977	239120	116793	42865	23750	52837	181105
2003	479765	147002	72335	13481	80553	62294	93891	274243	142642	52772	27026	46714	205522
2004	559463	176114	87555	16829	93520	68811	105615	321541	169490	63897	30538	52763	237922
2005	667233	195637	113498	20436	105902	76841	142122	383983	185311	84318	38082	69491	283250
2006	787359	223357	137287	25242	124458	80182	179408	454126	212197	99603	48068	83630	333233
2007	964815	266200	163274	37518	152082	76095	241443	557806	244304	120598	51843	121273	407009
2008	1160483	322553	206819	54991	172202	79013	290178	672785	286863	140682	62644	155404	487698
2009	1381447	374538	245996	60290	236537	105414	313404	804957	378584	190348	89771	102000	576490
2010	1726118	454947	339199	64450	319556	148595	323220	1011988	438276	244227	104402	145783	714130
2011	2143325	566519	455587	83699	319981	207309	415546	1262912	492497	312948	120671	233493	880413
2012	2558797	669883	555518	74354	351445	250700	540279	1518384	575955	378973	130079	296409	1040412

续表

项目\年份	总资产	固定资产	存货	其他非金融资产	货币资金	应收账款	其他金融资产	负债	贷款	应付账款	直接投资	其他负债	所有者权益
2013	3045603	774885	691631	149155	386712	311832	592240	1820321	668774	460623	142578	385439	1225282
2014	3495979	903952	783671	182392	407214	360837	704491	2097264	761209	531707	159164	459561	1398714
2015	3961571	1034072	832486	255387	462269	382181	825733	2381770	850928	581716	173849	570477	1579801
2016	4499207	1154782	895288	306894	538413	434997	991065	2712313	939816	656588	198272	699438	1786894
2017	5092609	1367949	1000262	361422	579370	525614	1037136	3074501	1034771	737998	179736	889143	2018108
2018	5685000	1534702	1090571	402785	597065	561615	1261037	3423000	1092001	825255	194652	1066018	2262000
2019	6268955	1751211	1193439	474852	627810	533791	1437573	3772795	1172632	920544	205340	1206325	2496160

注：由于四舍五入的问题，加总结果有出入。

资料来源：作者估算。

复计算，在已经利用固定资产投资价格指数进行了相应调整的情况下，这无疑会产生高估、重估效应。对此我们假定在新增固定资产投资中土地购置费和旧设备、旧建筑购置费各占一半，对相应序列进行调整，以尽可能消除这种重复计算。最终结果如表3-8和图3-2所示。图3-2也同时显示了比例替代法和利用资金流量表数据的结果。总体而言，利用上市公司数据的比例替代整体有高估倾向，而用资金流量表数据从2010年之后逐步开始有低估倾向。

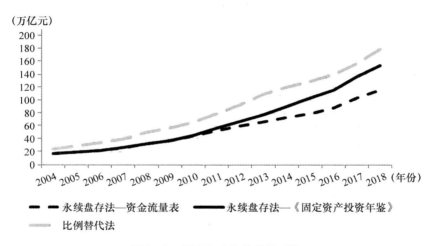

图3-2　固定资产估算结果对比

资料来源：作者估算。

国民经济核算中的存货变动指常住单位在一定时期内存货实物量变动的市场价值，即期末价值减期初价值的差额，再扣除当期由于价格变动而产生的持有收益。对于企业来讲，存货不能像固定资产那样具有规律的折旧，且存货的用途主要是进行产品的生产和销售，在缺少当期生产、销售、存货减值准备等科目流量数据的支持下，无法通过永续盘存法推算存货数据。本书使用与估算固定资产相同的比例替代法估算非金融企业的存货价值，估算结果如表3-8所示。结果显示，相较于第二次经济普查周期存货增长136%和第三次经济普查周期存货增长234%，第四次经济普查周期，存货增长速度已明显放缓，增长速度为58%。另外，在替代比例的选择上，我们还参考了工业、建筑业、批发零售业，其结果均低于上市公司比例推算结果。不同行业的存货比例差异极大，上市公司能够涵盖更多行业，估算结果应该相对稳健。其他非金融资产包含无形资产、其他资产、各类递延资产等，科目较多，涉及各种复杂的经营情况，使用近似比例推算是较为可行的选择。本章测算以上市公司数据为主要基准，同时也参考了国有企业数据，结果如表3-8所示。

金融资产和负债项目

金融资产包含货币资金、应收账款、直接投资、持有债券、保险、其他金融资产等，负债项目主要有贷款、应付账款、未贴现银行承兑汇票、直接投资、其他负债等。结果如表3-9和表3-10所示。

表3-9　　　　　　　　金融资产估算结果　　　　　　单位：亿元

项目 年份	现金	存款	货币 资金	应付 账款	保险	债券	直接 投资	未贴现银行 承兑汇票
2000	2138	46737	49447	59451	911	77	2630	1072
2001	2232	54630	57433	55128	1240	77	3300	1195
2002	2375	63793	66739	44549	1753	77	3712	1625
2003	2597	77385	80553	62294	2463	77	3997	3672
2004	2752	90197	93520	68811	3200	77	4362	3378
2005	2983	102348	105902	76841	4111	77	5208	3402
2006	3257	120630	124458	80182	5327	77	7091	4930
2007	3554	147957	152082	76095	7831	77	8543	11752
2008	3924	167707	172202	79013	9023	164	12706	12833
2009	4288	231678	236537	105414	10971	0	16780	17517
2010	4873	314111	319556	148595	13630	169	21099	41253
2011	5428	313981	319981	207309	16237	83	26881	51484
2012	5749	345124	351445	250700	19857	1161	33459	62141
2013	6071	380070	386712	311832	23062	5721	40395	69971
2014	6223	400420	407214	360837	27994	2666	54051	68711
2015	6489	455209	462269	382181	34045	6195	70660	58542
2016	6947	530895	538413	434997	40412	7226	91129	39000

续表

项目 年份	现金	存款	货币 资金	应付 账款	保险	债券	直接 投资	未贴现银行 承兑汇票
2017	7158	571641	579370	525614	44764	12413	119292	44386
2018	7389	589105	597065	561615	49220	13463	136487	38056
2019	6663	621147	627810	533791	55582	14512	146886	33299

资料来源：作者计算。

表 3 - 10　　　　　　　　负债项目估算结果　　　　　　　　单位：亿元

项目 年份	贷款	应付账款	债券	直接投资	未贴现银行承兑汇票
2000	88873	27949	779	19101	1072
2001	100199	33346	926	21384	1195
2002	116793	42865	1251	23750	1625
2003	142642	52772	1418	27026	3672
2004	169490	63897	1475	30538	3378
2005	185311	84318	3378	38082	3402
2006	212197	99603	5699	48068	4930
2007	244304	120598	8035	51843	11752
2008	286863	140682	14359	62644	12833
2009	378584	190348	26737	89771	17517
2010	438276	244227	38047	104402	41253
2011	492497	312948	51820	120671	51484
2012	575955	378973	74827	130079	62141
2013	668774	460623	92936	142578	69971
2014	761209	531707	116913	159164	68711
2015	850928	581716	146258	173849	58542
2016	939816	656588	179200	198272	39000
2017	1034771	737998	188467	179736	44386
2018	1092001	825255	207017	194652	38056
2019	1172632	920544	234654	205340	33299

资料来源：作者计算。

货币资金是企业以现金、银行存款或其他货币资金形式拥有的资产。这类资产是流动性最强，对企业经营影响最直接的资产，同时也最方便统计。考虑到其他货币资金数额极小，可以将现金和银行存款两个科目的和直接看作货币资金总量。现金的估算使用 2018 版中的方法，将《货币当局资产负债表》中的中央银行"货币发行"项作为全社会现金总和。以 1993 年为基期，将居民、非金融企业和政府三方视为对现金的全部持有者，并将三方对现金的持有比例拆除为 80%、17% 和 3%，之后年份非金融企业持有现金总量采用资金流量表（金融交易）通货数据进行累计。由于非金融企业部门持有现金增量占全社会现金增量比例常年维持在 9%，2018 年年底非金融企业现金存量占比已降至 9.3%。金融机构统计表中企业存款余额与信贷收支表的非金融企业存款余额相差不大，因此银行存款继续使用信贷收支表中"非金融企业部门本外币存款"项数据，并将数据补齐至 2018 年。

应收账款、应收票据使用上市公司比例替代估算，负债端的应付账款、应付票据也使用相同方法估计。债券总量使用《社会融资规模存量表》中"企业债券"项数据。通过对保险数据的研究发现，非金融企业和居民部门是按 70% 和 30% 进行划分，为金融部门保险准备金总额。国外部门的保险准备金的数据取自 IIP 表资产和负债方的保险和养老金项目。依照此逻辑，可推算出非金融企业的保险额。直接投资科目分为资产与负债两类，资产类数据取自《国际投资头寸表》中"直接投资"项。资产和负债部分的直接投资数据直到 2017 年才在金融部门和非金融部门之间做出区分，因此需要用 2017 年之后非金融企业部门占比推算 2017 年以前的数据，负债类的直接投资科目按同样的方法折算。资产端未列入上述科目的资产作为平衡项计入其他金融资产。

贷款包括《金融机构本外币信贷收支表》中的非金融企业、机关团体贷款和社会融资规模中的委托贷款和信托贷款。未贴现银行承兑汇票比较特殊，它是非金融企业间的金融交易产物，对于非金融企业资产负债表来讲，既是资产，也是负债，并且是等值的。已贴现银行承兑汇票的所有权转让至金融部门，因此被视为人民币贷款的一部分，计入"社会融资总量"—"人民币贷款"项目下，也就是本书的贷款科目下。而未贴现银行承兑汇票的债务关系双方均在非金融企业部门，作为单独的一项，与"人民币贷款"项并列，不在本书的贷款科目中。未被列入上述科目的负债，计入其他负债科目。

在获得以上数据后，我们来完成整个非金融企业资产负债表的估算。先用前三年平均增长率估算"固定资产"等少数未更新到 2019 年的项目。然后，填入"其他金融资产"和"其他金融负债"的轧差项，以使得整个资产负债表平衡。最终结果如表 3 - 8 所示，表 3 - 9 和表 3 - 10 已有的金融资产和负债部分项目未列入。

3.4 非金融企业部门资产负债分析

杠杆率背离现象有所缓解

2008 年以来，中国非金融企业部门出现了明显的杠杆率背离，即在非金融企业部门资产负债率基本稳定的情况下，债务率（债务/GDP，或者说宏观杠杆率）增长迅速①。出现这种背离的直接原因是资产收益率下降和资产价格上涨，本质在于金融业膨胀和金融体系复杂化，使得金融业的发展速度远远超过了实体经济的发展速度。然而，通过近几年的金融"去杠杆"和金融供给侧结构性改革，上述问题已经明显改善。如图 3 - 3 所示，2017—2019 年非金融企业部门杠杆率基本维持稳定，说明相关政策取得明显成效。

非金融企业资产负债率分化

关于非金融企业部门资产负债情况，第二个值得关注的现象是不同规模企业的资产负债率分化。图 3 - 4 将非金融上市公司按资产规模分为五等分，然后分别计算资产负债率。结果显示，2009 年之后，不同资产规模企业的资产负债率出现明显分化。资产规模排前 20% 大企业的资产负债率明显增加，从 2009 年的 55% 增长到 2015 年的 65%，此后大致一直保持在这一水平。资产规模排前 20%—40% 企业的资产负债

---

① 李扬、张晓晶、常欣等：《中国国家资产负债表 2018》，中国社会科学出版社 2018 年版。

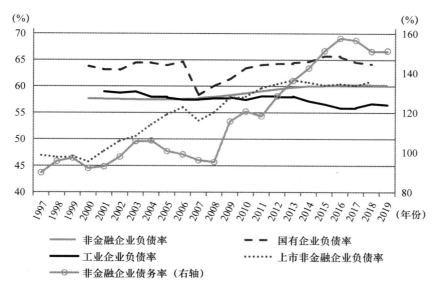

图 3 - 3 中国非金融企业的负债率和债务率

资料来源：WIND、国家金融与发展实验室。

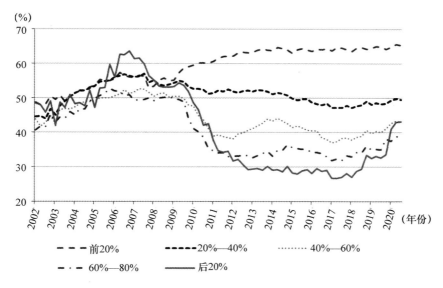

图 3 - 4 上市非金融企业总资产五分位资产负债率

资料来源：国泰安数据库、作者计算。

率变化不大，基本维持在 50% 上下。资产规模排后 60% 的中小企业，其资产负债率出现明显下滑，从 50% 以上下滑到 40% 以下，而且，资产规模越小，下滑越严重；2017 年开始，随着金融"去杠杆"和金融供给侧结构性改革的展开，这一现象出现变化，资产规模排后 60% 中小企业的资产负债率开始上升，尤其是新冠肺炎疫情暴发后，资产规模排后 20% 小企业的资产负债率上升很快。

新冠肺炎疫情对资产负债表的冲击

新冠肺炎疫情对中国经济造成了巨大冲击，这种冲击也反映在非金融企业部门的资产负债表上。上市公司需要定期公布财务报告，因此，可以通过非金融上市公司财务报表来分析疫情的冲击情况。A 股目前有非金融上市公司 3979 家，总市值为 65.3 万亿元。本书把市值规模排前 10% 的 380 家公司作为大企业，排后 90% 的作为中小企业。排前 10% 的总市值为 38.5 万亿元，占全部上市非金融企业总市值的 59%。如图 3 – 5 所示，2018 年以来，大企业的资产扩张速度要明显快于中小企业，但疫情对二者的资产扩张速度影响都不大。疫情的主要影响体现在营业收入上。2020 年第一季度中小企业营收同比下降 13%，大企业下降

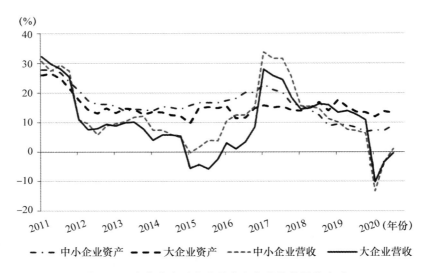

图 3 – 5　上市非金融企业总资产和总营收同比变动

资料来源：WIND、作者计算。

10%，此后两个季度二者同步回升。

从上市公司数据来看，没有发现疫情对不同规模企业冲击的差异，这可能是上市公司本身就要求企业具有一定的体量和实力，真正脆弱的小微企业并不包含在内。不过，从上市公司数据可以明显看到疫情对不同行业造成的不同冲击。如图 3-6 所示，从资产扩张速度看，受冲击最大的文化、体育和娱乐业以及住宿和餐饮业出现负增长，教育以及水利、环境和公共设施管理业则出现了逆势扩张，反映出线上教育投资和基建投资的扩张。

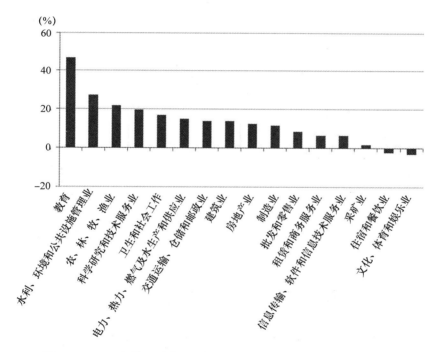

图 3-6 2020 年前三季度不同行业上市非金融企业总资产变动情况
资料来源：WIND、作者计算。

行业差异在营业收入方面表现得更加明显。如图 3-7 所示，2020 年前三季度，住宿和餐饮业营收下降 48%，文化、体育和娱乐业下降 28%，交通运输、仓储和邮政业下降 18%，采矿业下降 17%。农、林、牧、渔业以及水利、环境和公共设施管理业逆势增长，分别增长 21% 和 13%。

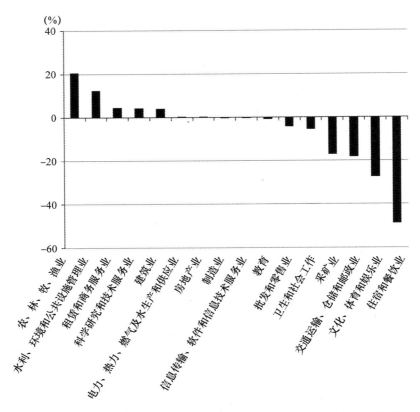

图3－7 2020年前三季度不同行业上市非金融企业总营业收入变动情况

资料来源：WIND、作者计算。

从资产规模看产业结构和所有制结构变化

从资产负债表视角，也可以看出不同行业和部门的发展速度，揭示了国民经济的重大结构变化。如图3－8所示，从总资产占比看，上市非金融企业、房地产行业和建筑业的占比长期以来相对稳定，但是工业企业和第三产业（不含金融业）的趋势性变化非常明显。工业企业总资产占比从2000年的接近50%下降到2019年的不到30%，第三产业（不含金融业）则从50%上升到70%。第三产业对GDP增长的贡献逐步超过第二产业，成为经济增长的主要动能来源，同时，其资产与负债扩张也非常迅猛。第三产业增加值和总资产的比值，已经从2000年的20%下降到2019年的10%，说明其增加值的增速要慢于总资产扩张速度。中国是否出现了去工业化趋势，值得进一步深入研究。

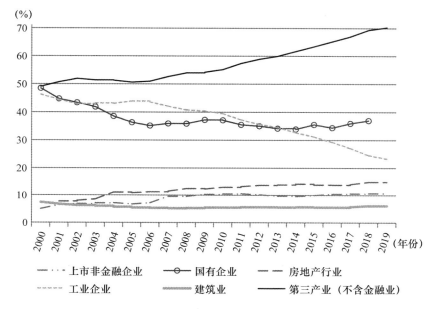

图 3 - 8 不同口径非金融企业部门总资产占比

资料来源：作者计算。

国有企业总资产占比在经历了 21 世纪初前几年的较大幅度下降后，近年来保持稳定。2018 年，国有企业资产在非金融企业部门的占比为 37%。国有企业总资产占比用表 3 - 3 的总资产除以表 3 - 8 的总资产所得，其趋势可以大致说明国有经济的发展和结构变化。但是，由于没有考虑持股和控股情况，具体数值并不能准确反映国有经济在国民经济中的地位。例如，Bai 等最近的研究指出，私营企业加入国有企业的控股和持股网络，可以增加私营部门的总产出，这是 21 世纪以来中国经济的重要特征和趋势①。

另外，图 3 - 8 显示的只是非金融企业部门的状况，国有经济在金

①　Bai, Chong-En, Chang-Tai Hsieh, Zheng Michael Song, and Xin Wang，"Special Deals from Special Investors：The Rise of State-Connected Private Owners in China"，NBER Working Papers 28170，2020.

融业的总资产占比要远大于私营经济。根据中国人民银行《金融稳定报告》披露，2017—2019 年中国金融业总资产分别为 310.1 万亿、329.1 万亿和 354.9 万亿元。另据 2017 年《国务院金融企业国有资产专项报告》和 2018 年、2019 年《国务院国有资产管理情况综合报告》披露，2017—2019 年中国国有金融业总资产分别为 241.0 万亿、264.3 万亿和 293.2 万亿元。据此可以算出，2017—2019 年国有经济在金融业总资产中的占比分别为 77.7%、80.3% 和 82.6%，占有绝对优势地位。

3.5 结 语

本章在 2018 版的基础上重新估算了中国非金融企业部门资产负债表。本次估算主要有以下几方面的改进：（1）第四次经济普查数据为估算提供了坚实的基础，使得结果更加稳健；（2）在非金融资产估算上进行了更多的尝试，选取了更加合理的方法和结果；（3）努力打开金融资产和负债中存在的"黑箱"。

通过分析相关结果发现，首先，中国非金融企业部门的杠杆率背离问题有所缓解；其次，中国不同资产规模企业资产负债表出现明显分化；再次，无论是从资产，还是营收看，新冠肺炎疫情对不同行业都造成了不同的冲击；最后，从资产负债表角度，可以清晰窥见中国的产业结构和所有制结构变化。国有经济在金融业中占据绝对优势地位，在非金融部门资产占比有所下降，但是通过参股和控制所体现的控制力不可忽视。

4

政府部门资产负债表

自 2013 年至今，课题组已经进行过三次国家资产负债表的编制和出版工作，经过前三次的探索，在编制方法上已经逐步趋于相对成熟和稳定，特别是在上一版《中国国家资产负债表 2018》（以下简称 2018 版）中，课题组用"四式记账法"编制国家资产负债表，不管是总体上，还是各个部门的资产负债表理论上，编制方法都更加完善了。因此，本版政府部门资产负债表的编制工作在方法上与上一版保持基本一致，主要编制的是（广义）政府部门资产负债表，以此透视政府部门的发展轨迹和结构变迁过程。在编制基础上，再结合编制结果和其他资料对政府部门的资产负债情况，特别是债务风险进行分析探讨。

4.1 政府部门资产负债表的编制及分析

本次政府资产负债表编制所覆盖的财务主体包括行政单位、事业单位（含企业化观念里的事业单位和非营利团体组织），以及国有非金融企业和金融企业。

非金融资产的估算

与 2018 版一致，本次编制将非金融资产设置为 6 项，包括固定资产、在建工程、存货、无形资产、国有建设用地资产和公共基础设施。根据《政府综合财务报告编制操作指南（试行）》，固定资产净值反映政府持有的各项固定资产原值减去累计折旧后的期末余额，含房屋、汽车、单价在 50 万元以上的设备和其他固定资产；在建工程反映政府尚未完工交付使用的在建工程实际成本的期末余额，不含公共基础设施在建工程；存货反映政府在开展业务活动及其他活动中为耗用而储存的材料、燃料、包装物和低值易耗品等的期末余额；无形资产净值反映政府持有的各项无形资产原值减去累计摊销后的期末余额。以上四项的数据取自于历年《中国会计年鉴》中的全国预算单位资产负债简表和资产情况表的相关科目，一些编制细节参见 2018 版，此处不再赘述，本次编制更新了 2017—2019 年的数据。

需要注意的是，由于政府会计制度和《中国会计年鉴》中的会计科目在 2000—2014 年屡有调整，使得一些个别科目和加总数据受到一定程度的影响，一些特定年份的数据连续性和一致性存在些许问题。例如，2014 年《中国会计年鉴》及之前数据，行政单位部分无在建工程，公共基础设施在建工程，无形资产，受托代理资产，政府储备物资项；2013 年《中国会计年鉴》及之前数据，事业单位部分无在建工程项，这使得在建工程资产项在 2013—2014 年有很大的变动，这完全是由于会计科目的调整导致的，而不是因为这一时期在建工程本身有大幅增加。但这并不必然意味着整体非金融资产的低估，因为相应资产可能只是之前被归类在其他的资产会计科目下。

另外的"国有建设用地资产"和"公共基础设施"则不是取自《中国会计年鉴》，编制方法与 2018 版基本一致，这里再做简单说明。

1. 国有建设用地资产的估算

中国的土地按所有权属性划分为国家所有和集体所有两种类型，其中可以形成政府资产的是国家所有土地，国家所有土地中，又以国有建设用地为主要，因国有建设用地有频繁的收储和出让，具有较高流动性和变现能力，且因交易较频繁又有明确的价格测量。而国有农地因不具备足够流动性和变现能力，难以直接形成有实际财务意义的政府资产。因此，关于土地资产的估算只考虑国有建设用地资产。我们对国有建设用地中政府储备用地的部分估算其价值，但由于没有统一、明确的全国各级政府历年储备土地数据，因此，同 2018 版一致，假定核算期末储备用地的面积设定为当期出让国有建设用地面积的 3 倍①。储备土地的价格则与 2018 版一致，采用全国 105 个主要监测城市综合地价数据（包含商服用地、住宅用地、工业用地），作为出让环节的土地参考价格。以此方法估算和更新国有建设用地资产数据。

需注意的是，2018 年国务院机构改革中，国土资源部和其他一些部门改组为自然资源部，改组完成后，没有再发布过《中国国土资源统计年鉴》，也未再发布《中国国土资源公报》等资料，致使课题组未查到 2018 年及以后的国有建设用地出让面积数据。为克服此问题，研究假定 2018 年以来的国有建设用地出让面积占国有建设用地供应面积的比例在 2017 年后保持不变，以此估算国有建设用地出让面积。

2. 公共基础设施资产的估算

基础设施根据盈利前景可分为两大基本类别：一是具有商业属性的项目，通常有较大且稳定的现金流回报，具有良好的投资预期收益，可以实现商业化（或半商业化）运作；二是具有公益属性的项目，一般作为纯公共物品出现，具有非排他性，从而不能实现直接的盈利回报，只能由政府承担投资责任。对于第一类基础设施资产，由于可以实现商业化运作，运营和资产负债的所有主体一般为（国有）企业，所以已体现在企业资产负债表中，然后通过政府持有企业股权的方式进入政府资产负债表。因此这里的基础设施资产估算的是第二类公益性质的基础设施资产。与 2018 版一致的地方是，在不考虑基期的情况下，使用历年《中国城乡建设统计年鉴》中披露的全国市政公用设施建设固定资产投资中的相关数据作为公共基础设施投资的数据进行计算②。

与 2018 版修正或者说调整的地方则有三方面，一是增加了乡镇、

---

① 由于只有以招拍挂和协议出让等形式的土地供给才能带来土地出让收入，因此这里只考虑使用历年土地出让面积来估算可供出让的土地储备量。自然地，若再考虑那些非工商业用途，而是采用划拨等方式供应，用于如公共基础设施的土地，土地储备面积还要更高，但这些不带来直接的土地出让收益。

② 《中国会计年鉴》自 2015 年开始，将行政单位资产科目中独立出"公共基础设施"一项，不过，此项与公共基础设施应具有的规模相比明显数额过小。以 2015 年为例，其数字仅为 739 亿元，而《中国城乡建设统计年鉴》披露的当年全国城市道路桥梁建设固定资产投资高达 7414 亿元，园林绿化投资为 1594.7 亿元。因此，为防造成基础设施资产的严重低估，课题组没有使用这个数字。

村庄的市政公用设施建设数据，在 2018 版中，只计算了城市和县城的道路桥梁、园林绿化和市容环境卫生三大行业[①]基础设施的固定资产投资数据，而由于乡镇农村的基础设施投资没有再细分行业，因此没有把相关固定资产投资计入，所以是不全面的。虽然乡镇农村的公共基础设施投资没有细分行业，但实际上目前中国的乡镇农村公共基础设施中，实现商业化运作，算作企业资产的是相对较少的，乡村基础设施主要是道路桥梁等基础设施资产[②]。因此，本书把乡、镇、村的市政公用设施建设投入计入，以免低估这部分基础设施资产。

二是考虑了折旧。在 2018 版中，没有考虑折旧，这又可能造成公共基础设施资产的高估，特别是部分公共基础设施资产为人民提供服务，在使用中面临较高的损耗折旧。参考有关固定资产永续盘存法的研究，一般折旧率变量由研究者自行设定，没有统一标准，已有研究的折旧率设定一般为 5%—10%，其中张军等将折旧率为 9.6%[③]，单豪杰设为 10.96%[④]，等等，不一而足，设约 10% 的文献更多。中国社会科学院经济研究所《中国经济报告（2020）》总报告组的研究测试发现在解释历史经济增长序列时，使用 10% 的折旧率比 5% 折旧率拟合效果更佳[⑤]。再考虑到公共基础设施资产使用中面临的高损耗，本书设定 10% 的折旧率。

三是没有再用全社会固定资产投资和固定资本形成数据对公共基础设施投资进行调整。在 2018 版中，考虑到固定资产投资与固定资本形成可能存在差异，因此以全社会固定资产投资数据和当年国民经济核算中的固定资本形成总额数据之比作为资本形成率，来调整生成每年的公共基础设施资本形成。但本书没有再用此方法调整，原因在于，首先，

---

① 其他行业还有供水、燃气、供热、轨道交通、排水（污水处理和再生利用）、地下综合管廊（2016 年新增）和其他。

② 例如，目前中国广大农村一般没有集中供热、燃气、轨道交通等实现商业化、企业化运营的公共基础设施。

③ 张军、吴桂英、张吉鹏：《中国省际物质资本存量估算：1952—2000》，《经济研究》2004 年第 10 期。

④ 单豪杰：《中国资本存量 K 的再估算：1952—2006 年》，《数量经济技术经济研究》2008 年第 10 期。

⑤ 中国社会科学院经济研究所《中国经济报告（2020）》总报告组：《全球经济大变局、中国潜在增长率与后疫情时期高质量发展》，《经济研究》2020 年第 8 期。

近年来固定资产投资明显超过固定资本形成，这是由于全社会固定资产投资额中包括了土地购置费、旧建筑物购置费和旧设备购置费，而固定资本形成则不包括这些费用，随着用地成本的增加，土地费用占投资的比重呈现逐步提高的趋势，并使得固定资产投资额大幅超过固定资本形成①。但是，公共基础设施投资与普通工商固定资产投资不同，其使用的土地一般本身就是国有土地或者多是由政府划拨的，在历年公共基础设施建设投资中应不包括土地的购置费用，从这一角度看再用固定资产投资和固定资本形成数据对公共基础设施投资序列进行调整可能没有必要。其次，在资产核算中，是否应包括土地的价值，本身也存在问题和争议，如果资产核算中应包括土地购置（征收）的费用，那么自然也就没有再用固定资本形成数据对固定资产投资序列进行调整的必要。因此，本书使用标准的永续盘存法对公共基础设施投资进行估算，不再对序列本身进行调整。

基于以上调整，本书计算得到的公共基础设施序列与 2018 版有一定差别：2018 版中 2000 年的公共基础设施为 4890.9 亿元，本书的计算结果为 5149.7 亿元；2018 版中 2016 年公共基础设施资产总额为 64618.18 亿元，而本书计算的结果为 95601 亿元。本书计算结果更大（特别是近年来差异较大）的主要原因：一是近年来对乡镇、村庄的公共基础设施投资持续增长②，使得本书计算结果超出 2018 版；二是因为没有再用全社会固定资产投资和固定资本形成数据进行调整。

金融资产与负债的估算

政府部门的金融资产包括通货、存款、债券、股票与股权、证券投资基金和其他金融资产 6 项，负债包括贷款、债券和其他负债 3 项。

1. 政府部门金融资产

政府持有的通货是 M0 的一部分。以 1993 年为基期，假设当时政府持有全部 M0 的 3%，之后各年的变动由资金流量表数据提供。由此

---

① 否则，由于全社会固定资产投资额的统计口径比固定资本形成更窄，理论上固定资本形成应超过全社会固定资产投资额。

② 城市、县城的公共基础设施投资约在 2013 年达到顶峰，之后保持平稳并略有下滑，而乡镇、村庄的公共基础设施建设投入在 2013 年后持续攀升。

算出历年政府的通货资产，其占政府资产的比例较小，2019 年为 0.16 万亿元，且随着时间推延，通货占金融资产和总资产的比例越来越小。

政府持有存款又分为财政存款和机关团体存款，数据来源于金融机构本外币（人民币）信贷收支表中的财政存款和机关团体存款，2019 年年底，政府财政存款总额为 4.1 万亿元，机关团体存款总额为 29.8 万亿元，合计政府持有存款总额为 33.9 万亿元。

政府持有债券的份额极小，数据来源于《中国会计年鉴》中的政府对外投资（主要是债券投资）。2019 年年底政府持有债券为 0.86 万亿元。

政府持有的股票及股权是指非金融企业和金融机构中的国有股权。其中，对于 2016 年及以前的数据，本书仍然采用 2018 版中的估算方法，估算非金融企业和金融企业的所有者权益中国有部分的价值，数据与 2018 版保持一致。不同的是 2017 年以来的数据。2017 年，中共中央印发《中共中央关于建立国务院向全国人大常委会报告国有资产管理情况制度的意见》（以下简称《意见》），根据《意见》要求建立了国务院向全国人大常委会报告国有资产管理情况的制度，自 2017 年开始每年国务院均向全国人大常委会发布《国务院关于国有资产管理情况的综合报告》（以下简称《报告》），其中有明确统计全国金融和非金融国有企业的资产、负债和国有所有者权益情况。因此，2017 年以来的数据不再自行估算，而采用《报告》的统计数据，其中，2019 年全国非金融国有企业的国有资本权益为 64.9 万亿元，金融国有企业的国有资本权益为 20.1 万亿元，合计 85.0 万亿元。

政府持有的证券投资基金为社保基金份额，数据来源为全国社保基金理事会公布的社保基金净资产（基金权益总额）。2019 年年底社保基金权益总额为 9.6 万亿元。

政府持有的其他金融资产是采用 SNA 恒等式倒推出来的数据。根据全部部门的其他负债与其他资产恒等的原则，课题组将所有其他资产在居民部门和政府部门之间进行划分，划分比例的设定为这两个部分总负债的规模比例。2019 年年底政府部门的其他资产为 4.6 万亿元。

2. 政府部门的负债

政府部门的负债规模主要以两次审计署对政府性债务的审计结果、

国债余额和地方政府债务余额为基准。由于 2015 年《中华人民共和国预算法》（以下简称《预算法》）明确规定，除地方政府债券外，地方政府及其所属部门不得以任何方式举借债务，因此这里的负债为根据法律框架公布的官方显性债务。城投公司、PPP 等形式可能存在的地方政府隐性和或有债务这里不再计算在内，因在 SNA 体系下相关债务已被计入企业部门，不能再重复计入政府部门。

基于以上估算，政府资产负债表的编制结果如表 4 – 1 所示。

政府资产负债表估算结果的简要分析

1. 资产负债规模分析

2000 年以来，政府部门的资产快速增长，从 10.4 万亿元增长到 2019 年的 200.8 万亿元，增长 19.4 倍，相比同期名义 GDP 增长 9.9 倍，资产的增长是名义 GDP 增长的 1.96 倍。非金融资产从 3.7 万亿元增至 66.6 万亿元，增长 17.8 倍，其中，国有建设用地资产和公共基础设施资产的增长是非金融资产增长的主要驱动力，两者分别增长 21.6 倍和 24.3 倍①。金融资产从 6.6 万亿元增至 134.2 万亿元，增长 20.2 倍，金融资产的增速要高于非金融资产，这使得金融资产在政府资产中的占比总体呈现上升趋势，资产金融化程度不断提高，由于金融资产的流动性更强，金融资产占比提升也反映出政府持有资产的流动性和可变现能力的提高②。负债从 2000 年的 2.1 万亿元增至 2019 年的 38.0 万亿元，增长 18.2 倍，增速与资产的增速基本持平，但由于负债的基数低，从水平上看仍然赶不上资产的增速，从而政府的资产净值越来越高，从 8.3 万亿元增至 162.8 万亿元，增长 19.7 倍。

2. 资产结构分析

具体来看（见图 4 – 1），金融资产占总资产比例在 2000—2003 年呈明显下降趋势，这主要是因为这一时期非金融资产中国有建设用地资产快速上升，同时金融资产中持有企业股权在这一时期增长相对缓慢所

---

① 如无形资产等虽然涨幅更高，但占比太小，不起关键作用。在建工程等也有大幅增长，但这很大程度上是由于统计口径的调整带来的。

② 相比非金融资产，金融资产可能有更高的资本回报。

单位：亿元

表 4 - 1　中国广义政府部门资产负债表（2000—2019 年）

项目 年份	非金融资产	固定资产	在建工程	存货	国有建设用地资产	公共基础设施	无形资产	金融资产	通货	存款	债券	持有企业股权	证券投资基金余额	其他金融资产	总资产	负债	债券	贷款	其他负债	净金融资产	净资产
2000	37334	17572	7	13	14551	5150	42	66312	308	5732	76	56140	941	3114	103646	20815	16248	2111	2456	45497	82832
2001	55508	21156	10	14	28015	6260	54	68422	329	6223	119	57437	1223	3091	123929	25125	19037	2234	3854	43296	98804
2002	72316	24073	13	18	40166	7978	68	79101	360	8666	187	65106	1590	3192	151418	30475	22358	2301	5816	48627	120943
2003	100585	27266	18	31	63269	9914	88	87101	410	11855	293	69929	2176	3139	187686	38065	27650	436	9980	49036	149621
2004	107746	30709	25	27	64225	12648	112	95569	444	14389	459	73039	4069	3170	203315	44626	31261	554	12811	50943	158689
2005	111487	34291	34	27	61249	15743	143	114391	496	20048	719	84164	5552	3411	225877	51503	34353	797	16353	62888	174374
2006	166363	39075	46	37	107694	19328	183	135565	556	25973	1127	96381	7696	3833	301928	58675	36668	903	21104	76890	243253
2007	190840	43512	63	765	123446	22820	234	189606	623	36665	1766	135246	10550	4756	380446	81300	53061	904	27335	108306	299146
2008	197884	48066	129	989	121053	27355	292	222845	705	40003	1874	161414	14094	4756	420729	89653	54783	1576	33294	133192	331076
2009	264686	53475	160	1376	175735	33571	369	266461	786	51971	2221	188997	17710	4776	531146	117978	63517	1683	52778	148483	413168
2010	355900	59229	192	1566	251943	42456	513	346884	916	91630	2554	225561	21438	4786	702784	135653	72543	1877	61233	211232	567132
2011	425975	65821	221	2191	305418	51737	586	439398	1039	135753	2455	265564	29818	4770	865373	154425	78729	3568	72128	284973	710948
2012	439037	70294	308	2611	303012	62012	800	439902	1117	157321	2854	309233	37540	5838	952939	174160	84378	3550	86232	339742	778779
2013	539576	76629	17086	3709	368725	72436	992	603398	1195	190740	3413	357234	44884	5932	1142974	212196	95659	3579	112958	391203	930779

续表

项目 / 年份	非金融资产	固定资产	在建工程	存货	国有建设用地资产	公共基础设施	无形资产	金融资产	通货	存款	债券	持有企业股权	证券投资基金份额	其他金融资产	总资产	负债	债券	贷款	其他负债	净金融资产	净资产
2014	490982	83318	32208	5182	287184	81178	1913	697930	1229	222362	3822	413743	51635	5139	1188912	249985	107535	3536	138915	447945	938927
2015	467811	90763	38655	6383	241304	88384	2322	816380	1288	242546	4685	471765	58893	37203	1284191	254179	154871	3536	95772	562201	1030012
2016	486945	98667	44743	6005	238972	95601	2957	900029	1390	271064	5108	519238	65425	37805	1386974	272516	225981	3536	42999	627513	1114458
2017	545916	107619	49952	6373	276092	102225	3655	1092542	1437	305564	6479	665000	75349	38714	1638458	299051	281833	3536	13682	793491	1339407
2018	617272	124165	57038	8004	314617	108145	5303	1223092	1488	326319	7528	759000	89378	39379	1840364	332666	329515	3151	0	890427	1507699
2019	665987	136748	72589	9335	314975	124925	7415	1341939	1568	339179	8578	850000	96545	46068	2007926	379577	377688	1889	0	962361	1628349

注：由于四舍五入的问题，加总结果有出入。

资料来源：国家资产负债表研究中心（CNBS）。

致。其他2006年、2009—2010年非金融资产的占比下降也是国有建设用地资产的波动导致。排除这些个别年份，2006年以来，金融资产占比总体在不断升高，特别是2013年来，由于国有建设用地资产的增速下滑，使得金融资产占比加快提升。

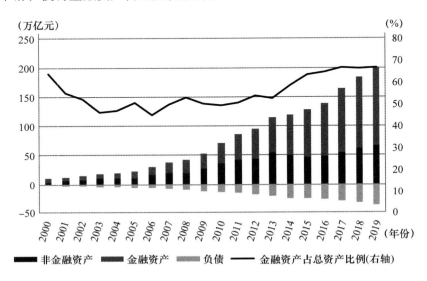

图4-1 中国政府部门资产负债规模变动趋势

资料来源：国家资产负债表研究中心（CNBS）。

从非金融资产的内部结构看（见图4-2），2000年，政府部门固定资产和国有建设用地资产基本平分秋色，但随着中国房地产市场的蓬勃发展和国有建设用地供应制度的变化，建设用地资产价值快速攀升，在2011年达到顶峰时，国有建设用地资产占非金融资产的比例达71.7%，之后，随着房地产市场的逐渐退温，建设用地资产的比例逐步下降至50%左右的水平。而固定资产占比从2000年的47%降至2013年的14%，之后保持基本平稳并略有上升，到2019年占比为20.5%。公共基础设施资产则一直保持平稳增长态势，特别是2012年以来，公共基础设施资产不断增长，其占非金融资产的比重从约12%提升至目前18%左右的水平。此外，由于会计科目调整，2013年以来在建工程项目有较快增长，由于这一项将主要形成固定资产和公共基础设施资产，因此与固定资产和公共基础设施资产在2013年以来占比的上升是一致的。

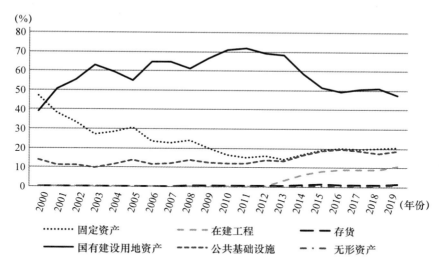

图4-2 中国政府部门非金融资产结构变化趋势

资料来源：国家资产负债表研究中心（CNBS）。

此外，值得注意的一点是（见图4-3），在公共基础设施资产投资中，城市（城市＋县城）的公共基础设施投资在2008年后快速增长，2013年达到顶峰后开始略有下滑，但乡镇农村的公共基础设施投资在2013年后继续快速增长，使得农村公共基础设施资产的占比有一定提升，这显示了党的十八大以来政府公共基础设施投资更加向广大农村倾斜，与脱贫攻坚战等措施一起，明显提升了农村居民的公共基础设施水平和生活水准。

从金融资产的内部结构看（见图4-4），持有企业股权始终是政府金融资产中占比最大的一项，其中2000年占比达到85%，之后占比不断下滑，但在2013年后占比基本保持稳定并略有增加，2013年占比为59.2%，到2019年占比则为63.3%。存款科目在2000—2011年保持增长态势，2011年后基本保持稳定，并在2017年后略有下滑，下降的原因是持有企业股权资产的比例有所增加①。证券投资基金份额一直在稳

———————————

① 2017—2019年的持有企业股权资产数据直接使用国务院向全国人大常委会报告的数据，这可能是主要原因。

步增长，但所占比例仍然较小，到 2019 年占比为 7.45%。其他通货、债券科目占比均很小，此处不表。

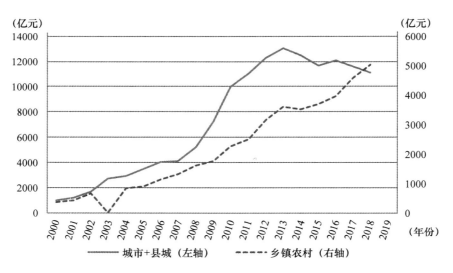

图 4 - 3　分城乡的政府公共基础设施投资变化趋势

注：由于 2003 年乡镇农村公共基础设施投资数据缺失，所以显示为 0。

资料来源：国家资产负债表研究中心（CNBS）。

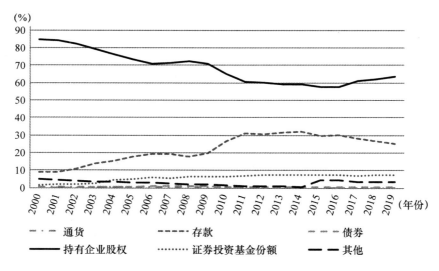

图 4 - 4　各项金融资产占政府总金融资产的比重

资料来源：国家资产负债表研究中心（CNBS）。

3. 负债结构分析

从负债的内部结构看，债券是政府负债的主要形式，尤其是在2015年《预算法》实施后，一方面，由于将通过城投平台等为政府举借的债务排除在政府负债之外，这方面的债务下降；另一方面，为破解地方政府融资难题，《预算法》确立了地方政府直接发行债券的法律依据，地方政府债券大规模扩容。因此，2015年以来，债券占政府债务的比例大幅提高，到2019年，这一比例已接近100%。

4. 财富积累和资产负债率

净资产和净金融资产在2000—2019年稳步提升，到2019年，净金融资产达到96.2万亿元，是2000年的21倍，净资产达到162.8万亿元，是2000年的19.7倍。净资产与GDP的比例从2000年的83%升至2019年的164%，净金融资产与GDP的比例从2000年的45%升至2019年的97%（见图4-5），显示出中国政府厚实的家底，有利于政府防御风险，对宏观经济施加影响。

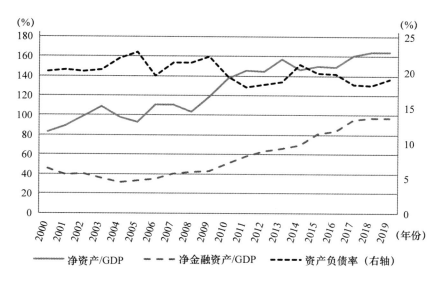

图4-5　中国政府净（金融）资产/GDP和资产负债率

资料来源：国家资产负债表研究中心（CNBS）。

从资产负债率看，中国政府的资产负债率维持在20%左右，且总体较为稳定，2000 年资产负债率为 20.1%，到 2019 年为 18.9%，过去 20 年均值为 20%，政府的资产负债表十分稳健，负债水平并不高。当然，这其中既有中国国情的特殊性，也必然和本书特定的资产负债核算口径有关，但即使考虑到表外负债，以及根据流动性来收紧资产的计算口径，政府的资产负债率仍然处于较低水平，中国广义政府部门总体债务风险可控。

5. 中央政府和地方政府

在课题组之前编制的国家资产负债表中，曾对中央政府和地方政府分别编制资产负债表，2018 年以来，由于编制方法调整，没有再区分中央和地方政府，而是把政府作为一个整体来计算。由于缺乏基础数据，把政府区分为中央和地方资产负债表分别进行编制存在困难①，在 2018 年之前的编制中，也是施加了许多假设约束才把两者区分开，一些假设可能缺乏足够依据。

如前所述，自 2017 年开始每年国务院均向全国人大常委会提供《国务院关于国有资产管理情况的综合报告》，包括部分中央和地方国有资产的信息，虽然相关信息只有总额，没有资产和负债的细分结构信息，但也可对我们考察资产和负债在中央和地方的分配情况提供一些参考。

表 4-2　　　　中央和地方行政事业性国有资产负债情况　　　单位：万亿元

年份	行政事业性国有资产				行政事业性国有资产（中央）				行政事业性国有资产（地方）			
	资产总额	负债总额	净资产	资产负债率（%）	资产总额	负债总额	净资产	资产负债率（%）	资产总额	负债总额	净资产	资产负债率（%）
2017	30.0	9.5	20.5	31.7	4.2	0.9	3.3	21.4	25.7	8.6	17.1	33.5
2018	33.5	9.9	23.6	29.6	4.7	1.0	3.7	21.3	28.8	8.9	19.9	30.9
2019	37.7	10.7	27.0	28.4	5.0	1.2	3.8	24.0	32.7	9.5	23.2	29.1

资料来源：国务院历年关于国有资产管理情况的综合报告；国家资产负债表研究中心（CNBS）。

---

① 例如，在《中国会计年鉴》中，对于行政事业性单位并没有再做中央和地方的区分。

如表4-2所示，2017年中央和地方加总的行政事业性单位国有资产共计30.0万亿元，其中中央占14%，地方政府占86%，到2019年，行政事业性单位国有资产升至37.7万亿元，其中中央降为13%，地方升至87%，地方占比略有增加。从资产负债率看，2017—2019年中国行政事业单位的资产负债率从31.7%降至28.4%①，这主要是由地方行政事业单位的资产负债率下降带来的，中央行政事业单位的资产负债率反而从21.4%升至24.0%，但即使如此，中央行政事业性单位的资产负债率仍然比地方行政事业单位约低5个百分点。这显示地方行政事业性单位有更强的债务融资需要，同时也表明地方有更高的债务风险敞口。

表4-3　　　　　　中央和地方非金融国有企业资产负债情况　　　　单位：万亿元

年份	全国非金融国有企业				全国非金融国有企业（中央）				全国非金融国有企业（地方）			
	资产总额	负债总额	国有资本权益总额	资产负债率（%）	资产总额	负债总额	国有资本权益总额	资产负债率（%）	资产总额	负债总额	国有资本权益总额	资产负债率（%）
2017	183.5	118.5	50.3	64.6	76.2	51.9	16.2	68.1	107.3	66.6	34.1	62.1
2018	210.4	135.0	58.7	64.2	80.8	54.7	16.7	67.7	129.6	80.3	42.0	62.0
2019	233.9	149.8	64.9	64.0	87.0	58.4	17.8	67.1	146.9	91.4	47.1	62.2

资料来源：国务院历年关于国有资产管理情况的综合报告；国家资产负债表研究中心（CNBS）。

再看国有企业的资产负债情况（见表4-3），2017年中央和地方共计非金融国有企业资产183.5万亿元，其中中央占41.5%，地方占58.5%，到2019年，非金融国有企业资产上升至233.9万亿元，其中中央占37.2%，地方占62.8%，过去三年来地方国有企业占总国有企业资产的比例上升约4个百分点。从资产负债率看，2017—2019年非金融国有企业资产负债率下降0.6个百分点，到2019年为64.0%，央企资产负债率下降1个百分点，但地方非金融国有企业的资产负债率在

---

① 这比表4-1编制的广义政府资产负债表中的资产负债率估算约高8个百分点。

过去三年基本未变，到 2019 年为 62.2%，地方国企比中央国企的资产负债率约低 5 个百分点。

中央和地方相比较，从资产的角度，中央行政事业单位的资产负债规模远小于地方，但中央国企的资产负债规模却与地方差异没那么大；从资产负债率的角度，其中中央国企的负债率明显更高，但中央行政事业性单位的资产负债率相对却更低，两者恰好相反。当然，由于国有企业的资产负债规模明显超过行政事业单位，因此如果再把行政事业单位和企业的资产负债加总，那么中央的资产负债率就会明显高于地方。

4.2 关于政府资产负债的进一步讨论

地方政府债务的期限结构和期限错配问题

1. 期限错配是流动性风险的重要来源

债务风险具体又可分为偿债（清偿）风险和流动性风险，前者是指地方政府资不抵债，可供偿还债务的资产值小于债务而形成的债务风险；后者是指虽然政府的资产总额大于其负债总额，但由于缺乏流动性，使得政府无力对到期债务还本付息。

基于课题组过去的相关研究，我们认为总体上地方政府不存在显著的资不抵债的清偿风险，原因在于，中国地方政府手中控制着大量的资产，基本上规模都明显超过债务。与一些国家的政府债务主要用于消费性支出不同，中国的政府性债务主要用于市政基础设施、土地收储开发、交通运输等项目建设，大多有相应的资产和收入作为偿债保障。此外，中国的地方政府还持有大量的行政事业单位权益、国有企业、基础设施、国土资源等可供交易或可产生现金流的资源，这也确保了地方政府的清偿能力。如表 4-1 所示，2019 年，仅国有建设用地资产一项的价值就达到 31.5 万亿元，而 2019 年地方政府的债券余额总共 21.0 万亿元，仅建设用地资产一项即可覆盖所有地方政府债券尚且有余。

因此，很多学者认为，中国地方政府债务风险的主要问题"在于短期而非长期，在于流量而非存量"，风险往往更容易滋生于"现金流量表"危机，而非"资产负债表"危机。而流动性风险的核心问题是地方政府债务的期限错配。

期限错配问题可以从两个方面来分析，一个方面是债务的到期期限结构，另一个方面则是借贷所得资金的投向结构。从债务的期限结构看，中国地方政府债务期限普遍偏短，根据审计署 2013 年的全国政府性债务审计结果，地方政府的主要债务融资来源是银行贷款、发行债券等，债务以中短期债务为主，平均期限不足 5 年。而地方债的主要资金投向多是中长期的城市基础设施建设项目，项目的回报或存续期可能长达十几年，这就造成了收入现金流和偿债现金流明显的期限错配。特别地，一些学者指出，在发达国家如美国、加拿大等成熟的融资模式下，地方政府债务的期限一般在 10 年以上，从这个角度看中国地方政府债务的期限过短，存在严重的期限错配问题。

2. 中国地方政府债务投资项目的回报机制与美国不同，期限错配或被高估

然而，只看债务的期限结构并不能完全得出期限结构错配的结论，关键还要看所借债务投向的资产的期限。而在这方面一些认识或许存在不是很准确的地方，错误地寻找了比较对象，忽视了中国和其他国家的明显差异。

在美国等国家，地方债的主要偿债资金来源，一是政府投资形成的基础设施的使用者费用，如公路收费；二是税收收入，特别是房产税收入①。其中，使用者费用方面，中国和他们没有本质的差别，但税收收入方面，中国和他们是完全不同的。在美国等征收房产税的国家，政府支出形成的公共基础设施和公共服务会通过房价资本化效应使得社区的房价提高，并进而提高房产税收入，每年占房价 1%—3% 的房产税收入逐步用以偿还债务。例如，政府花费 100 万元修建一所学校，惠及周边社区的 500 套房屋，使得他们的房价每套平均提升了 1 万元，整个社

①　实际上，从受益税角度看，房产税也是一种使用者付费模式，只不过不像水、电、气等直接支付给水务、电力或燃气公司，房产税是支付给地方政府，再由地方政府直接或间接提供相关公共服务。

区的房价总值提升 500 万元，每年 1% 的房产税率带来 5 万元收入，那么，用 20 年的时间，政府就将收回投资的成本并偿还债务。

与美国不同，中国目前尚未广泛开征房产税这一税种，因此，中国地方政府公共投资和服务的回报途径不是靠房产税的涓涓细流，而很大程度上是靠国有土地的增值和出让收入。而土地的价格资本化效应实际是很快的，一条地铁、一所学校即使只是规划修建、在建而尚未建成投入使用，就常足以令附近的地价有巨大的增值，土地增值或增加政府和融资平台的借贷能力，或直接增加土地出让收入以偿还债务，土地出让制度使得政府公共投资的回报期限大大小于项目的存续期限。

土地增值和出让收益是中国与美国等其他国家在城市开发建设和融资中的重要不同之处。他们没有中国这种土地出让收益的直接回报方式，反过来，中国目前也没有他们那种房产税收入的长期回报方式。因此，不能简单以美国等国家的地方政府债务期限作为中国债务期限的衡量标准，从这个角度看，关于地方政府债务期限错配的问题或许被很大程度上高估了。

不过，在地方政府债务的期限错配问题中，债务的期限较为容易获得和计算，但债务融资所投向的项目和资产的期限却不容易计算回报周期等指标，并且与债务偿还是确定性的现金流不同，项目和资产的现金流有很大不确定性，这也使得计算资产的回报周期等具有很大不确定性。因此，目前有关债务期限错配的讨论仍然多集中在理论逻辑层次，债务的到期期限有一些基于实际数据的考察，但资产的回报期限目前尚未看到有基于实际数据的严谨分析。

值得注意的是，2015 年《预算法》实施后，通过发行地方政府债券的方式，一方面因地方政府债券利率比贷款更低，可以降低利息支出压力，另一方面可以明显延长债务到期期限，地方政府债务期限因而明显变长。表 4-4 是本书写作时的地方政府债券和城投债存量债务的到期期限情况，可以发现，债券的期限要长于贷款，这使得不管是地方政府债券，还是城投债，其存量债务的平均到期期限都超过 5 年。因此，地方政府的债务期限已经普遍得到延长。

表4-4   地方政府债券和城投债按金额加权的存量债券到期期限   单位:%

到期期限占比	1年以内	1—3年	3—5年	5—7年	7—10年	10年以上	合计
地方政府债券	10.9	24.8	19.9	14.4	15.0	14.9	100
城投债	5.5	3.9	22.4	47.7	15.0	5.6	100

注:由于四舍五入的问题,加总结果略有出入。

资料来源:WIND,数据截至2020年11月15日。

3. 过度拉长地方政府债务期限可能加重地方过度举债问题

如上所述,近年来中国地方政府的债务期限明显得到延长,那么,未来我们是否要继续延长债务期限,乃至达到像美国等国家那样平均在10年以上期限呢?笔者认为,债务期限并不是越长越好,也要思考债务期限过长可能存在的问题。债务期限的长短会影响国家、企业和个人承受债务的能力,期限越长,承担债务的能力越高。特别是,在中国特有的政治经济格局下,地方经济的横向竞争、官员的晋升锦标赛以及有限的官员任期制度,存在鼓励地方举债发展的激励机制,特别是当存在债务期限与官员任期的不匹配时,过长的债务期限可能加重地方官员的道德风险和过度举债问题。

中国的干部人事制度中,干部具有有限任期,干部的有效任期必然引起官员干部的更替,这种政治权力的调整和重新配置会引起不连续性与不确定性①。地方主政官员的平均任期为3—4年,而地方政府发行债务的平均期限为5年甚至更长,从新发行债券算起,大部分债券偿债期限要跨越两届甚至两届以上政府。但新官员上任后"借钱搞工程、搞项目,这样做有口碑也有政绩,本届政府决不能勒紧裤腰带还债"②。至于将来债务到期时能否顺利还债的问题,官员大概率已经调任他处,由下届乃至下下届政府去偿还和操心,所谓"我之后,哪管洪水滔天!"。这种"债务递延"的心态是地方债务逐年增加的思想和制度根源之一。

---

① 罗党论、佘国满:《地方官员变更与地方债发行》,《经济研究》2015年第6期;王贤彬、黄亮雄:《官员更替、政策不确定性及其经济效应——中国情景10年研究回顾与展望》,《公共管理与政策评论》2020年第2期。

② 《官员推诿地方债:上届借钱搞工程 本届绝不还债》,《瞭望》新闻周刊,2013年8月14日,http://politics.people.com.cn/n/2013/0814/c1001-22553345.html。

因此，如果债务期间较长，官员会认为到债务偿还期限时自己可能早已调任他处，至于是否能顺利偿还就事不关己了。甚至于有借钱越多越出政绩，从而越可能得到提拔的说法，这种为了政绩透支未来的做法是传统政绩导向的核心体现①。但如果债务期限较短，那么债务就越有可能在干部任期内偿还，官员可能在借款的同时就必须考虑在任期内如何偿还债务的问题。

近年来，为了从根本上修正以经济建设为纲的政绩观，避免地方为了短期政绩过度举债透支未来的做法，中央已采取种种针对性措施，包括在官员考核中更多考察生态环境和自然资源保护的工作、坚持党政同责等，包括推行官员离任审计制度，离任要审计、终身要负责，对盲目举债留下一摊子烂账的必须追究责任等做法，都从制度建设层面起到一定警示作用。但具体执行起来可能存在困难②，所谓"雪崩时，没有一片雪花是无辜"，将来若地方真的出现偿债危机，前后几任官员究竟是谁的责任可能很难理清，大家相互推诿，最后还是要地方经济和当地人民承担政府管理不善的后果。

在中国干部人事制度特别是官员任期制度不能做大的调整的情况下，那么，过度拉长债务偿还期限，可能会加重地方政府过度举债的问题，反而对控制地方债务风险过度累积不利。本质上讲，延长债务期限的做法只是把债务偿还时间延后，但如果债务规模没有得到有效控制，那么债务风险只不过是延后爆发。因此，过度拉长债务期限可能是把双刃剑，管好地方债务风险还需要多角度发力，既要优化地方政府债务的期限结构，又要从根本上抑制地方的过度举债冲动，控制住总的债务规模不超过合理区间。

地方政府债务限额管理制度的特点和问题

1. 自 2015 年起中国已建立地方政府债务限额管理制度

官员的政绩锦标赛、有限任期和政府信用背书相互交织，是中国地

---

① 其他类似环境污染等问题也与这种政绩观密切相关。

② 除了少数耗资巨大搞不切实际的政绩工程、形象工程，项目失败导致政府债务累积的。过去几年已有多地这样的事情遭到曝光。

方政府性债务快速膨胀的深层制度背景，这些因素植根于中国的政治经济体制，有时很难对它们做出改变。要控制地方政府债务过度膨胀，防止金融风险，就必须采取其他配套措施抑制地方的过度举债冲动。因此，在2015年《预算法》允许地方自发自还地方政府债券的同时，为防止地方政府债券无序膨胀，也相应建立了地方政府债务限额管理制度。

《财政部关于对地方政府债务实行限额管理的实施意见》（财预〔2015〕225号）是地方政府债务限额管理方面的指导性文件，根据《预算法》和《国务院关于加强地方政府性债务管理的意见》（国发〔2014〕43号）等制定。以下是管理制度一些值得注意的特点。

第一，地方政府债务总限额由国务院根据国家宏观经济形势等因素确定。当经济下行压力大、需要实施积极财政政策时，适当扩大当年新增债务限额；当经济形势好转、需要实施稳健财政政策或适度从紧财政政策时，适当削减当年新增债务限额或在上年债务限额基础上合理调减限额。因此，地方政府债务限额也体现出财政政策的逆周期调节作用。

第二，逐级下达分地区地方政府债务限额。各省级行政区的政府债务限额，由财政部在全国人大或其常委会批准的总限额内，根据债务风险、财力状况等因素并统筹考虑国家宏观调控政策、各地区建设投资需求等提出分配方案。债务限额逐级下放，省级财政部门依照财政部下达的限额，提出本地区政府债务安排建议，编制预算调整方案，根据债务风险、财力状况等因素并统筹本地区建设投资需求提出省本级及所属各市县当年政府债务限额。然后，各级政府严格按照限额举借地方政府债务。

第三，将地方政府债务分类纳入预算管理。地方政府要将其所有政府债务纳入限额，并分类纳入预算管理。其中，一般债务纳入一般公共预算管理，主要以一般公共预算收入偿还，当赤字不能减少时可采取借新还旧的办法。专项债务纳入政府性基金预算管理，通过对应的政府性基金或专项收入偿还；政府性基金或专项收入暂时难以实现，如收储土地未能按计划出让的，可先通过借新还旧周转，收入实现后即予归还。

债务限额管理制度还对地方政府债务风险评估和预警制度、债务风险化解和应急处置机制、地方政府债务监督和考核问责机制等给出了指导意见和规定，总体来看，2015 年来相关制度总体运行情况基本稳定，在"稳增长"和"防风险"间取得了较好平衡。

2. 对美国地方政府债务限额管理制度的借鉴

地方政府的债务扩张冲动，实际不光在中国存在，在其他国家也同样存在。在那些实行投票选举制度决定地方领导人的国家和地区，为了选举政治利益，同样存在通过增加政府负债短期提振经济的激励机制，他们同样是有限任期的，也存在"债务递延"的心态，同时，地方政府的信用一般强于普通企业，这也容易导致地方出现过度负债和债务危机的情况。因此，财政制度健全的国家也会建立种种措施来约束地方政府债务。美国市政债务的发展历史较为悠久①，且较早就建立了市政债务限额管理制度。从历史上看，美国有史可载的大规模政府违规风险始于 19 世纪后期，1870—1890 年美国发生的长萧条（Long Depression）中，许多交通基础设施项目（铁路项目为主）无法产生预期的收益，债券违约情况大量发生②，为应对这些债务危机，很多州通过州宪法对地方政府借款行为进行约束，最早的限额管理应运而生③。至今美国市政债务限额管理已有近 150 年的历史，作为整个市政债务管理的源头，美国地方政府债务限额管理是美国市政债务有序运行的前提与保障④。

当然，美国和中国的地方政府债务限额管理有很多不同之处，比如美国是典型的联邦制国家，行政级别划分不同于中国，除了联邦政府，州政府和地方政府都属于地方级政府，事权和财权在各级政府间的划分有明确的法律规定。地方政府只对本级财政负责，地方政府市政债务的额度控制主要是通过州宪法和相关法令对地方债务进行直接或间接的控制，因此地方债务额度管制权集中于州政府，联邦政府几乎不会对地方政府的发债行为进行限制。而中国是单一制政府，地方政府债务限额管

---

① 美国市政债历史比公司债还早，最早的市政债是 1812 年纽约市政府为修建运河发行的债券，到 19 世纪二三十年代市政债就已被广泛运用。

② 王勇：《美国地方债特点与借鉴》，《财政研究》2015 年第 9 期。

③ Hillhouse，Albert Miller，*Municipal Bonds*：*A Century of Experience*，Prentice-Hall，Incorporated，1936.

④ 王倩倩：《制度刚性、多元参与和连带责任：美国地方政府债务限额管理的经验与启示》，《财政科学》2020 年第 2 期。

理是从中央政府一级开始向下层层管控、层层下放的。再比如，美国州政府对市政债的规模管制主要是针对一般性债务，因一般责任债券要通过政府税收来偿还，与政府运行息息相关，而收益债券则来源于项目本身的使用者付费等经营收益，其本息偿付不影响政府运营，所以一般对收益债券不做规模限制。美国的一般责任债券和收益债券基本对应着中国地方政府债券中的一般债务和专项债务，但目前中国对两类债务都实行限额管理。此外，在具体的限额确定中，各州之间各有不同，但通行做法是将债务限额与当地财政收入（尤其是房产税收入）挂钩，在州一级的限额一般被限定在房产税税基的 2%—20%[①]，而中国地方政府债务限额的决定机制和美国十分不同。

中国地方政府债务限额管理从 2015 年至今只有短短 5 年时间，仍处于建章立制的阶段，历史上也并没有形成一套相对健全的实践体系，一方面须借鉴参考国际经验，另一方面就只能靠自己的不断摸索，寻找适合中国国情的最优解。

3. 中国地方政府债务限额管理制度存在的问题

中国的地方政府债务限额管理制度必然不是完美的，仍有自身的问题，或者说因其存在而导致的其他问题。比如，对于我们研究者而言，担心可能存在的问题有：第一，债务限额的制定可能明显低于地方合理的融资需求，迫使地方不得不继续通过融资平台、PPP 项目、政府购买服务等渠道继续违规举借政府性债务，即由于"正门"开得不够，导致地方不得不继续通过"后门"融资。第二，债务限额管理可能产生目标"锚定效应"，即本来地方的实际借贷需求可能没那么高，但在上级政府下达本级政府债务限额后，本着不用白不用的想法，或者怕现在不用会导致未来上级政府压缩本地的债务限额指标，所以尽可能以限额为锚定目标多借钱。特别是在全省地方债务限额给定情况下，地方之间存在对省政府债务限额指标的横向竞争，那么这种"锚定效应"可能就会更加明显。

还有一个中国和美国在地方政府债务额度管理中的重要不同之处，

---

① 王倩倩：《制度刚性、多元参与和连带责任：美国地方政府债务限额管理的经验与启示》，《财政科学》2020 年第 2 期。

就是中国还将债券发行额度管理与地区发展政策紧密联系起来。在中国区域发展政策中，政府经常综合运用多种措施来偏向性促进某些地区的发展，其中一些行政性措施（上级政府财政无须直接支付转移支付、补贴或税收优惠等）而被经常采用，比如过去被较多研究的建设用地指标的分配问题：为了促进一些特定地区（如中西部落后省份）的发展，上级政府的建设用地指标会向这些地区倾斜以增加其可供开发的土地供给，从而让这些地区获得竞争的比较优势①。同样，金融资源也是可由上级政府调节的政策手段之一，地方政府财力和债务承担能力只是额度分配所考虑的一个角度，为了偏向性支持部分地区的发展，从省级到县级的债务限额分配额度都在不同程度上对落后地区有所偏向，而这就造成了债务限额指标与地方偿债风险方面的不匹配，一些财力薄弱、债务风险较高的地区反而可能得到更多债务限额指标，这加剧了部分地区的债务风险②。

2017 年发布的《新增地方政府债务限额分配管理暂行办法》（财预〔2017〕35 号）（以下简称《办法》）虽然提出，新增限额分配应当体现正向激励原则，财政实力强、举债空间大、债务风险低、债务管理绩效好的地区多安排，财政实力弱、举债空间小、债务风险高、债务管理绩效差的地区少安排或不安排。但在具体的额度分配方法中，给予了地区重大项目支出③较高的权重（反映地方的发展愿望和融资需求）。同时，《办法》要求省级政府参照本《办法》，各自制定地方的债务限额分配管理办法，这样从省级到市县层层加码，使得一些财政实力弱、举债空间小，但资金紧张、融资需求大的地区却被给予更多债务额度的情况愈加显著。

---

①　这虽然促进了落后地区的发展，但也导致了企业生产效率和土地利用效率降低的问题。参见陆铭《建设用地使用权跨区域再配置：中国经济增长的新动力》，《世界经济》2011 年第 1 期；陆铭、向宽虎《破解效率与平衡的冲突——论中国的区域发展战略》，《经济社会体制比较》2014 年第 4 期。

②　中国要素资源领域长久存在的市场化改革不充分问题，与中国偏向性的地区和产业发展政策有密不可分的关系。

③　重大项目支出主要根据各地区落实党中央、国务院确定的"一带一路"倡议，京津冀协同发展、长江经济带等国家重大战略以及打赢脱贫攻坚战、推进农业供给侧结构性改革、棚户区改造等重点方向的融资需求测算。

　　例如，在 2019 年被爆出建设"天下第一水司楼"等众多耗资巨大的工程项目，导致地方背上沉重债务负担的国家级贫困县——贵州省独山县，政府工作报告显示其 2019 年地区生产总值为 125.74 亿元，地方财政收入为 8.6 亿元，其中一般公共财政预算收入 4.7 亿元。而 2019 年贵州省财政厅批准独山县的地方政府债务限额为 138.09 亿元，2019 年年底实际债务余额 135.68 亿元，其中一般债务 87.97 亿元，专项债务 47.71 亿元①，地方政府杠杆率（债务余额占地区生产总值比例）达到 108%②。独山县的地方政府债务限额甚至比很多东部沿海发达省份的区县还要高。作为对比，我们随机选择了浙江省杭州市江干区、舟山市普陀区和丽水市缙云县，2019 年这三地的地区生产总值分别为 949.40 亿元、444.49 亿元和 232.02 亿元，而他们 2019 年的地方政府债务限额分别为 42.69 亿元、72.18 亿元和 51.97 亿元，这三个地区的财力都远超贵州省独山县，但批准的最高债务限额却明显小于贵州省独山县。

　　4. 财政和金融（货币）政策之间的矛盾和地方政府债务

　　地方政府债务限额管理制度存在的上述问题，很大程度上，其实是中国目前财政和金融（货币）政策之间的系统性矛盾的一个局部和核心体现，所谓的"财政不够、金融来凑""财政缺位、货币被迫补位"，即是说，在脱贫攻坚、区域发展、教育、医疗、社保等领域的"财政投入严重不足""历史欠账问题没有完全解决，资金缺口仍然较大"③，导致不得不通过种种手段将支出责任和风险向金融和货币领域转嫁。

　　中国财政和金融（货币）政策之间的协调和冲突问题已在过去几年有许多争论，2018 年发生的积极财政政策争论，央行人士认为"当前积极的财政政策不是真积极"、财政不能把"财政风险金融化""将

---

　　① 《独山县 2019 年财政预算执行情况与 2020 年财政预算草案的报告》，独山县财政局，2020 年 6 月 11 日；独山县人民政府债务公开表。

　　② 相比之下，2019 年年底全国地方政府杠杆率为 21.5%。当然，108% 的杠杆率，其中有独山县债务负担沉重的状况被揭露后，上级政府为帮助独山县化解债务风险，实行债务置换，把隐性债务替换为显性债务的因素存在。2018 年年底，独山县政府债务限额为 81.97 亿元。

　　③ 徐忠：《新时代背景下中国金融体系与国家治理体系现代化》，《经济研究》2018 年第 7 期。

财政风险转嫁金融部门""政府在资源配置中比重上升与财政责任转嫁并存"①，财政部人士则反驳，"十八大以来积极财政政策的扩张力度更加显著"，并认为"财政政策应该积极到什么程度，取决于公共风险与财政风险的平衡""财政政策就是把公共风险转化为财政风险""财政是最后一个为社会风险买单的，其他部门买不起单时就需要财政买单"②。表面上看，央行和财政双方争论的源头是积极财政政策，实际是为究竟谁应承担风险、承担责任而争论。2020 年新冠肺炎疫情暴发后，双方又发生财政赤字货币化争论，财政部人士指出财政目前"非常困难""地方已经到了'无米下锅'的程度""加大中央转移支付力度，可中央的钱从哪来？"，然后建议"财政赤字适度货币化"，并指出"央行的独立性还是要看国家的整体需要"③，央行相关人士则对"财政赤字货币化"的提法激烈反对。

2018 年和 2020 年的两次争论都是财政和金融（货币）政策之间矛盾的体现，究竟谁应该承担责任，谁应该承担风险，谁先谁后，现实中该如何处理，是矛盾的症结所在。两方的观点从一些特定角度都是有道理的，并没有绝对的谁对谁错，两方都存在部门利益，但部门利益并不必然是坏词，作为负责主管机关，有天然的责任义务对本部门负责，而不是为对方部门负责。

客观来说，政府财政资金捉襟见肘，又想用有限的资金撬动更大的事业，必然需要通过金融放大杠杆，这就带来地方政府债务的风险堆积

---

① 徐忠：《当前积极的财政政策不是真积极》，《中国经济信息》2018 年第 15 期；徐忠：《系统性再论财政与金融的关系》，《企业家日报》2018 年 8 月 20 日第 A03 版。

② 这意味着央行和财政部对于谁是经济的 last resort 存在分歧，传统宏观经济学把央行作为最终贷款人，但财政则认为央行负责为货币流动性风险买单，但社会风险或者说公共风险才是更根本性的风险，其他部门包括金融买不起单时就需要财政出手。既然财政才是最后买单者，那意味着在财政最终买单之前显然可以先由其他部门（包括金融、央行）买单。而央行的逻辑是，本来就应由财政买单的事情，财政却在逃避责任，把风险和责任转嫁到其他部门。参见刘尚希《积极财政政策的变迁》，《新金融评论》2018 年第 6 期；刘尚希《不确定性条件下的积极财政政策如何作为》，《经济参考报》2018 年 7 月 18 日第 5 版。

③ 刘尚希：《新的条件下，财政赤字货币化具有合理性、可行性和有效性》，中国财富管理 50 人论坛——"当前经济形势下的财政政策"专题会议，2020 年 4 月 27 日；刘尚希：《货币状态已发生改变，赤字货币化不会带来通货膨胀》，中国财富管理 50 人论坛——"当前全球货币超发影响与对策"专题研讨会，2020 年 5 月 9 日；《专访 | 刘尚希回应赤字货币化争论》，澎湃新闻，2020 年 5 月 17 日。

在金融部门；但金融部门也不是没有责任①，也不可能金融部门一点风险都不担，最后所有的政府性债务、融资平台债务都被"刚兑"，风险管理正是金融行业的本质所在。财政作为借方，金融作为贷方，其既矛盾又共生的对立统一关系过去存在，将来也将一直存在下去。

短期来看，现阶段地方政府债务的不断增长和风险累积，有其时代性、阶段性特征，是在中国相关法律制度不完善背景下遇上现实的地方资金支出需要而产生的。长远来看，一些导致风险过度累积的体制机制症结也需要打破，这需要从财政和金融两方面发力，而不只是一方面的问题。

从财政部门角度来看，第一，要加强财政支出责任，补上脱贫扶贫、民生保障、基础设施等领域的欠账；第二，逐步减少行政主导的、偏向性的债务额度和信贷资源分配，将债务风险、债务管理绩效放在更重要、突出的位置，探索实现信贷资源和债务额度的市场化配置机制②；第三，由于一般债务和专项债务的明显不同，应考虑为地方政府一般债务和专项债务分别设置债务限额，分别确定额度设置机制；第四，建立地方公共投资项目投资前的成本收益分析（Cost Benefit Analysis，CBA）机制③，加强对地方政府已有资产运营管理的成本收益分析，切实提高资产运营整体的社会效益，提升投资项目的可行性，严格财政纪律，坚决杜绝那些华而不实，难以产生足够经济社会效益的面子工程、形象工程的上马。

从金融部门角度来看，第一，要提高金融机构相对于地方政府的独立性，避免地方金融机构成为地方政府的附庸和提款机；第二，加强地方政府债券和城投债务的风险定价，让利率充分反映风险，以价格机制约束地方不合理的融资冲动；第三，加强财务信息披露，减轻信息不对称程度，金融风险的重要来源之一是信息不完全、不对称，目前以债券

---

① 有学者将金融部门描述为地方政府债务膨胀和风险累积的"共犯"或者至少是"从犯"。

② 在土地资源（指标）的跨地区市场化配置方面，过去几年已有初步进展，或可为信贷资源的配置提供借鉴。

③ 目前 PPP 项目实施需有项目可行性研究报告、物有所值评价报告和财政承受能力报告，相对比较规范。但其可研报告分析的仍然是项目本身在财务上的潜在收益和可行性，而不是项目的社会成本收益。

形式进行的地方政府和城投平台融资信息较为充分，但银行、信托等间接融资渠道的信息仍很不公开透明，不管是从金融机构、城投平台的角度，还是监管当局的角度，都应加强信息公开，为市场提供更多有价值的信息；第四，创新公共基础设施等政府投资项目的投融资机制和工具，加快在基础设施领域开展不动产投资信托基金（REITs）试点工作①，为基建资金来源引进活水，减轻地方政府的财政负担，盘活地方政府资产存量。

---

① 殷勇：《做好基础设施领域 REITs 工作的几点思考》，《中国金融》2020 年第 23 期。

5

金融机构部门资产负债表

　　金融资产负债表是反映一个经济体内各部门金融资产与负债规模和联系的重要数据指标，金融资金流量表是形成金融资产负债表的基础。通过这两张表，可以显示出描述宏观经济最为核心的变量，以及各变量之间的因果联系。当前全部 G20 国家都已经建立了 SNA 体系下资产负债表与资金流量表的编制工作。发达国家的统计制度普遍比较完善，且都公布 SNA 体系下的资产负债表和资金流量表，其中大部分按照季度公布。但发展中国家这方面的进度较为滞后。课题组通过对中国金融部门资产负债表的编制，试图充分理解金融资产与负债之间的关联，并以此对中国的金融体系结构做出更为深入的理解。从大类上分，金融机构包括中央银行、商业银行和非银行金融机构，本章将对这三大类机构的资产负债表进行分析。

5.1 中央银行资产负债表

　　中央银行也称货币当局，是银行的银行，也是特殊的金融机构，存在的主要目的是货币政策调控和金融监管。中央银行是整个金融体系的中枢，是货币创造的源泉，肩负着调节全社会货币数量和价格的责任。中央银行通过调节其资产负债表即可调节全社会的货币数量、信用数量、货币价格和信用价格。虽然中央银行资产负债表的总规模和整个金融部门相比微不足道，但其引发的货币创造和信用创造对于金融体系甚至宏观经济都能产生重大影响，其资产负债表也具有更重要的意义。中央银行资产负债表中资产项目主要包括国外资产、央行贷款、持有国债和其他资产，负债项目包括国外负债、发行现金、央行存款、央票、实收资本和其他负债。完整编制的 1993—2019 年中央银行资产负债表如表 5-1 和表 5-2 所示。

表 5-1 中央银行各项资产（1993—2019 年） 单位：亿元

项目 年份	国外资产	外汇储备	黄金等其他储备资产	国债	对银行的贷款	对非银金融机构的贷款	对实体经济的贷款	总资产
1993	1550	1226	323	1583	9680	252	682	13747
1994	4451	4360	91	1688	10317	270	728	17454
1995	6670	6121	548	1583	11174	182	680	20288
1996	9562	8717	845	1583	14210	118	686	26159
1997	13229	11582	1647	1583	14358	2072	171	31413
1998	13560	13088	472	1583	13058	2963	104	31268
1999	14459	14061	397	1583	15374	3833	102	35350
2000	15583	14815	768	1583	13519	8600	110	39395
2001	19860	18850	1010	2821	11312	8547	0	42541
2002	23243	22107	1135	2864	12288	7240	207	45841
2003	31142	29842	1300	2901	11983	7256	206	53488
2004	46960	45940	1020	2970	10424	8865	136	69355
2005	63339	62140	1199	2892	8168	17751	67	92217
2006	85773	84361	1412	2856	6517	21950	66	117162
2007	124825	115169	9656	16318	7863	12972	64	162042
2008	162544	149624	12919	16196	8433	11853	44	199069
2009	185333	175155	10178	15662	7162	11530	44	219731
2010	215420	206767	8653	15421	9486	11326	25	251677
2011	237898	232389	5509	15400	10248	10644	25	274214
2012	241417	236670	4747	15314	16701	10039	25	283495
2013	272234	264270	7963	15313	13148	8907	25	309627
2014	278623	270681	7942	15313	24985	7849	12	326781
2015	253831	248538	5293	15313	26626	6657	72	302498

续表

项目 年份	国外 资产	外汇 储备	黄金等其他 储备资产	国债	对银行的 贷款	对非银金融 机构的贷款	对实体经 济的贷款	总资产
2016	229796	219425	10371	15274	84739	6324	81	336214
2017	221164	214788	6376	15274	102230	5987	102	344757
2018	217648	212557	5091	15250	111517	4643	28	349086
2019	218639	212317	6321	15250	117749	4623	0	356261

注：表中未列入含义较为模糊的"其他资产"，总资产规模略小于央行公布的"货币当局资产负债表"。

资料来源：国家资产负债表研究中心（CNBS）。

表 5-2　　　　　中央银行各项负债（1993—2019 年）　　　　单位：亿元

项目 年份	储备 货币	通货 发行	实体 经济 存款	银行 存款	非银金融 机构存款	央票	国外 负债	政府 存款	自有 资本	总负债
1993	12735	6402	1292	5041	0	0	0	502	367	13604
1994	16609	7884	1866	6859	0	83	0	862	367	17920
1995	20143	8575	2513	9055	0	197	0	1005	367	21713
1996	25736	9435	3099	13202	0	147	0	1274	367	27524
1997	29707	10981	3537	15189	0	98	0	1575	367	31747
1998	31335	12064	4527	14034	0	119	0	1726	367	33547
1999	33620	15070	3822	14490	0	119	0	1786	367	35891
2000	36491	15938	4534	14905	0	119	0	3100	357	40068
2001	39852	16869	5894	16990	0	0	0	2850	355	43057
2002	45138	18589	7411	19102	0	1488	423	3085	220	50354
2003	52841	21240	9043	22795	0	3032	483	4955	220	61530
2004	58856	23104	79	35607	0	11079	562	5832	220	76549
2005	64343	25854	98	38080	0	20296	642	7527	220	93028
2006	77758	29139	160	48224	0	29741	926	10211	220	118855
2007	101545	32972	158	68095	0	34469	947	17121	220	154303
2008	129222	37116	0	91895	591	45780	733	16964	220	193510

续表

项目 年份	储备 货币	通货 发行	实体 经济 存款	银行 存款	非银金融 机构存款	央票	国外 负债	政府 存款	自有 资本	总负债
2009	143985	41556	0	102281	625	42064	762	21226	220	208882
2010	185311	48646	0	136481	657	40497	720	24277	220	251683
2011	224642	55850	0	168792	908	23337	2699	22734	220	274540
2012	252345	60646	0	191699	1349	13880	1464	20753	220	290011
2013	271023	64981	0	206042	1330	7762	2088	28611	220	311034
2014	294093	67151	0	226942	1558	6522	1834	31275	220	335502
2015	276377	69886	0	206492	2826	6572	1807	27179	220	314982
2016	308980	74884	0	234095	6485	500	3195	25063	220	344442
2017	321871	77074	995	243802	5019	500	880	28626	220	357116
2018	330957	79146	16300	235511	4016	200	1165	28225	220	364782
2019	324175	82859	15292	226024	4574	1020	842	32415	220	363246

　　注：表中未列入含义较为模糊的"其他负债"，总负债规模略小于央行公布的"货币当局资产负债表"。

　　资料来源：国家资产负债表研究中心（CNBS）。

中央银行资产负债表规模

　　中国人民银行当前的总资产的规模与几个主要发达国家大体相当，如图 5-1 所示。2020 年以来，受新冠肺炎疫情的影响，美国、日本和欧洲等国家央行资产负债表大幅扩张，但中国的规模基本保持不变。因此中国人民银行的资产负债表规模与这几个发达国家相比，也相对较低。如果将历史维度拉长，中国人民银行资产负债表的扩张速度与这几个国家基本相当。截至 2020 年第三季度末，相对于 2000 年，中国人民银行总资产规模扩大了 9.6 倍，美联储扩大了 9.5 倍，欧央行扩大了 7.1 倍，日本银行扩大了 5.2 倍。从较长历史时期来看，各国央行资产负债表都是处于扩张的趋势中，这与广义货币的增长是基本一致的。

　　如果从央行总资产的相对规模来看，中国人民银行和美联储的央行资产与名义 GDP 之比相对较低，而欧央行和日本银行的比例较高。2020 年 9 月末，日本银行总资产与 GDP 之比达到了 130%，而中国人民银行和美联储都在 40% 以下。自 2009 年美国实施量化宽松政策以

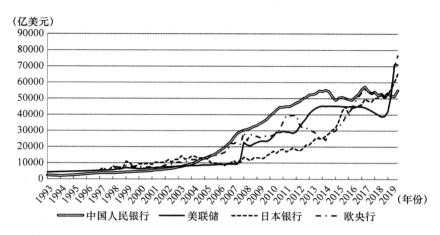

图5-1 中国、美国、日本和欧元区央行资产负债表规模

资料来源：国家资产负债表研究中心（CNBS）。

来，其资产规模大幅上升，总资产与GDP之比也不断上升，2015年第三轮量宽退出后这一比例开始缓和并有所下降，但受疫情影响，2020年美联储总资产出现飙升，目前已经接近于中国人民银行的水平，如图5-2所示。

图5-2 中国、美国、日本和欧元区央行总资产/GDP

资料来源：国家资产负债表研究中心（CNBS）。

从传统的货币乘数视角来看，央行总资产的扩张与广义货币总量以及宏观杠杆率是高度相关的。央行总资产决定了基础货币的规模，间接决定了广义货币规模。但在现实运行中，我们发现货币供给在大部分时间都表现出内生的性质，并且存款准备金率的变动也会对冲掉央行总资产规模部分变动，使得央行的规模变动与广义货币变动方向并不一致。

中国人民银行的总资产与 GDP 的比例在过去大部分时候都高于美国、日本及欧洲等国家或地区的央行。这主要是由于中国的法定准备金率较高使得货币乘数较低，从而需要较大规模的基础货币；另外，通过央行票据对增长较快的外汇储备进行对冲操作，也扩张了央行资产负债表的资产规模。但中国的宏观杠杆率并不很高，货币总量也维持在一定可控的范围之内。自 2008 年国际金融危机后，多个国家都实行了多轮量化宽松政策，使得其资产负债表加快扩张。以美联储为例，通过量化宽松扩张其资产负债表，在资产端大量买入美国国债和抵押贷款债券（MBS），而在负债方增加了商业银行的存款，也就是基础货币。第一轮量化宽松开始于 2008 年 11 月，在此之前美联储总资产的年均增速为 4% 且较为稳定。假设按照 4% 的年增速，当前美联储总资产应为 2.0 万亿美元，而实际上扩表后的美联储实际总资产规模为 7.1 万亿美元。可见，几轮量化宽松以来美联储资产多扩张了 5.1 万亿美元。美联储大规模的扩表行动虽然可能阻止了危机的蔓延，但并未带来广义货币的快速增长，其 M2 近十年的平均增速仅有 6%，与其长期的平均增速一致。这至少说明央行对于控制货币供给的作用是有限的，广义货币在一定程度上可以看作是内生的。大量购买国债和 MBS 确实也直接为实体经济注入了资金，且提高了全社会对流动性的信心，为经济恢复起到了推动作用。目前在美联储的负债方已有数万亿美元的超额准备金，其对宏观经济的影响是有限的。总之，央行资产负债表的规模并不完全对应广义货币，资产负债表规模的变动方向也与广义货币的变动方向不尽相同。真正的货币创造方式还需要到央行资产负债表的结构中去观察。

中央银行资产负债表结构

在央行资产负债表中，货币创造体现在负债方。基础货币主要包括流通中的现金和商业银行准备金存款，这都是央行的负债。流通中的现金反映在央行的资产负债表上，其实质是央行对现金持有者的一笔负债，直接记入央行资产负债表的负债方，科目为"储备货币"项下的"货币发行"，表示着现金持有者与央行之间的债权债务关系。银行存款是货币总量中最主要的部分，反映在商业银行的资产负债表中，代表了存款人与商业银行的债权债务关系。商业银行把存款中的一部分按照法定准备金比例存放到央行。央行资产负债表中的负债方反映了社会流通中的现金和一定比例的银行存款。在各国央行资产负债表中，基础货币都占到总资产的较高比例，中国人民银行的这一比例大部分时间都高于90%，仅在2003—2013年这十余年的时间中，央行为了对冲由外汇占款导致的基础货币被动上升而发行了大量央票，从而降低了基础货币增速，也降低了基础货币在央行总负债中的占比，随着2014年之后外汇储备增速减弱并转为负增长，央行负债再次以基础货币为主，如图5-3所示。

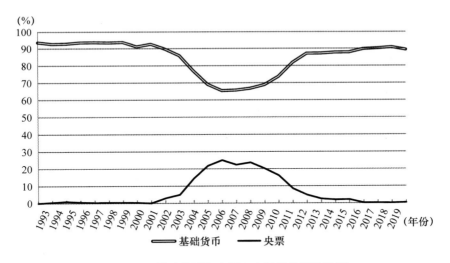

图5-3　基础货币和央票占央行总负债的比例

资料来源：国家资产负债表研究中心（CNBS）。

在各国央行资产负债表中的负债方中，基础货币几乎都占到最主要的组成比例，因此央行的资产负债表规模与基础货币规模也基本一致。从全球几个主要的央行资产负债表中负债方的结构来看，2018年中国人民银行基础货币占到总负债的 87%，日本银行为 90%，美联储为 82%，欧央行为 70%，如图 5-4 所示。在实际分析中，只要保持法定准备金率不变，我们也常用央行资产负债表的扩表和缩表来表示货币政策的宽松与紧缩。

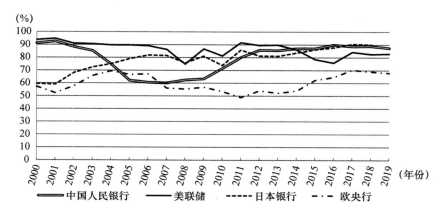

图 5-4 中国、美国、日本和欧元区央行总负债中的基础货币占比
资料来源：国家资产负债表研究中心（CNBS）。

但真实的货币创造过程是无法从央行资产负债表的负债方中发现的。真实的货币创造过程是贷款派生了存款。最初的存款没有别的来源，只能来自央行的信用创造、贷款，或者是央行购买某种资产。以现金创造过程为例，央行在负债方记入了一笔"货币发行"，其必然会在资产方也增加一个项目，如外汇资产、国债、贷款等。这时，居民才能够在其资产负债表中分别记入持有现金和一个对应部分，如资产方外汇储备或国债的减少或者负债方贷款增加。由此可见，在最初的货币创造过程中，央行的资产方一定有一个对应物，这记录着货币创造的原始过程。

在全球大部分央行中，这个资产方的对应物一般有三种情况：外汇储备、国债和对商业银行的债权。外汇储备的作用类似于黄金，属于外生的有价资产，央行发行货币购买这类资产自然产生了货币供给。国债产生于经济体系内部的政府部门，与财政政策紧密相连，实质上属于财政政策货币化，是政府直接或间接地通过中央银行获得融资。对商业银行的债权则属于最为直接的货币创造过程，不需要任何外在工具，相当于中央银行和商业银行同时通过互相负债来扩张资产负债表，而中央银行对商业银行的欠债就是基础货币，商业银行可以再按照货币乘数来创造货币。

中国人民银行和美联储所持有的资产结构具有较大差别，央行资产差别背后反映的是货币发行机制的不同。各国在不同经济环境下会依据现实情况在这三种方式中选择某几种进行货币创造。在美国，国债始终是央行所持有的最主要的资产。2008 年国际金融危机前，央行持有的国债超过了总资产的 85%；国际金融危机后，由于采用了非常规货币政策，央行开始购买 MBS，目前国债和 MBS 分别占美国联储总资产的55% 和 40%，MBS 与国债二者相加的规模大部分时间都占到美联储总资产的 90% 以上。而中国人民银行所持国债占总资产的比例不足 5%，如图 5-5 所示。

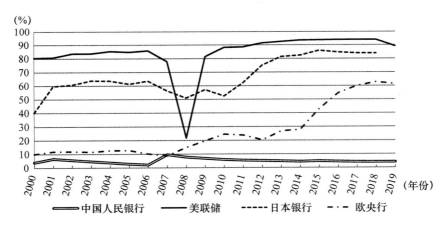

图 5-5 中国、美国、日本和欧元区央行总资产中的债券占比

资料来源：国家资产负债表研究中心（CNBS）。

美联储与中国人民银行所持有的国债规模占全部国债存量的比例比较接近，长期来看都为 10%—30%，而日本银行所持有的国债已经占到全部国债规模的 45%，如图 5-6 所示。由此看来，造成中国人民银行国债持有比例较低的主要原因在于中国的国债存量规模较小。

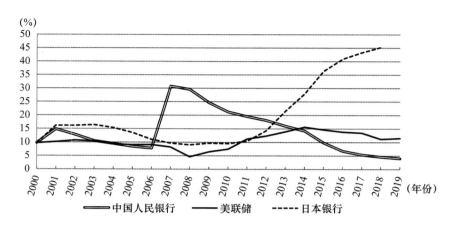

图 5 - 6　央行持有国债占全部国债存量的比例

资料来源：国家资产负债表研究中心（CNBS）。

中国在 2000 年之前，外汇储备和对商业银行的债权在资产方的占比较为接近，二者共同起到创造货币的作用。之后随着贸易顺差的扩大和外商直接投资（FDI）的增加，外汇占款不断增加，成为了货币创造的主要手段。在这段时间里，中国人民银行对商业银行的债权占比下降，绝对金额也在下降，从 1997 年的 1.4 万亿元下降到 2007 年最低点时的 6000 亿元。但随着 2014 年年中以来外汇储备的见顶回落，对商业银行的贷款又逐渐成为货币投放的主要手段。目前外汇储备和对商业银行的债权分别占中国人民银行总资产的 60% 和 30%，而在 2014 年年中差距最大时，这两个比例分别是 80% 和 5%。2019 年年底，再贷款的规模已经超过了中国人民银行总资产的 30%，并且仍处在上升的趋势之中，如图5 - 7 所示。预计未来中国人民银行外汇储备的规模仍将保持稳定，外汇储备在中国人民银行总资产中的占比还将继续下降，再贷款的占比也将上升。

货币创造在央行资产负债表中对应着不同的资产类型，同时也决定了不同的货币政策工具。中国人民银行资产负债表最大的特征就是资产方的储备资产（主要为外汇储备）占比较高，2008—2015 年一度达到了央行总资产的 80% 以上，随后开始下降。这与日本银行在 2008 年前的资产结构非常相似，其在 2008 年之前也是主要通过外汇占款发行基础货币，随着国际收支趋于平衡而转向了国债发行基础，如图 5-8 所示。

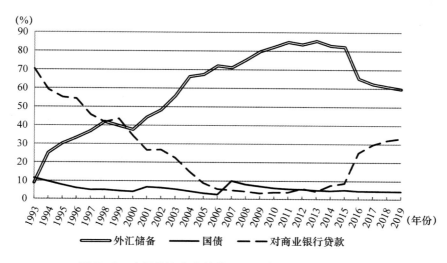

图 5-7 央行总资产中的外汇、国债和对银行贷款占比

资料来源：国家资产负债表研究中心（CNBS）。

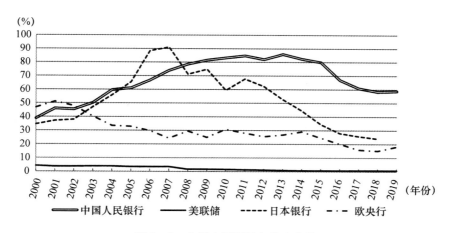

图 5-8 央行中国际储备资产占比

资料来源：国家资产负债表研究中心（CNBS）。

　　而中国的货币政策工具更具特色。中国在外汇储备大量增加的时期，为了缓解基础货币供给压力，在央行负债方创新了央行票据这一工具。在资产方外汇占款增加的同时，为不在负债方增加过多的货币供给，采用发行央行票据方式进行对冲，让商业银行用持有央行票据的方式来代替其在央行的存款。二者虽然都是商业银行对央行的债权，但央行票据不能被当作基础货币，因为它无法发挥货币创造的作用。而在当前央行采用对商业银行的债权来作为货币创造工具的时候，央行通过控制这类债权的发行速度、发行对象和发行利率来调节基础货币供给。根据发行期限、对象、抵押品以及招标方式的不同，这些债权主要包括逆回购、短期流动性调节工具（SLO）、常备借贷便利（SLF）、中期借贷便利（MLF）和抵押补充贷款工具（PSL）等。在美国以国债为货币创造工具的方式下，传统的调控工具主要是买卖短期国债的公开市场操作行为。在国际金融危机中则直接采用购买长期国债和 MBS 的方式来创造基础货币。

央行最重要的职能是制定货币政策、调节货币的供应量和供应价格。经过长期摸索，理论经济学已达成一些共识，认为物价水平从长期来看是由货币数量决定的，因此，央行首先应对物价稳定担负责任，将通胀保持在温和可控的水平，当通胀长期处于稳定状态时产出也会保持在潜在产出水平上。换句话说，央行只要实行通胀目标制，就可以实现物价和产出都保持稳定的双目标。因此，维持物价稳定成为央行的主要工作目标，央行可通过调节短期利率来实现其通胀目标。但 2008 年发生的国际金融危机却提供了反证。至少可以说，央行仅仅盯住通胀是不够的。更为严重的是，国际金融危机的发生使常规的货币政策失效了，短期利率已降到足够低的水平，实际利率已经为负，但货币供给并未由于降息而扩张。在零利率的限制条件下，央行开始尝试各类非常规货币政策。最典型的就是美联储、欧央行、日本银行等的扩表行动。

中国自 2014 年年中外汇储备见顶回落以来也开始采用大量创新型货币政策工具，实质是利用对银行的再贷款来代替外汇占款而成为基础货币投放方式。但从总体上看，中国并未采用美联储那样的大规模扩表政策，中国人民银行资产负债表的总规模增速是较为稳定的。从长期趋势来看，中国人民银行的货币创造模式已经摆脱了传统外汇占款的被动扩表模式，货币当局的政策工具更为自主灵活，商业银行也在货币创造中发挥更大作用。当前，中国人民银行最为显著的特点仍然是国债规模偏小，2015 年之后主要是用对商业银行的贷款和连续降准来释放基础货币，并且降准也多为结构性降准。可以说，这样的货币政策环境更为灵活自主，且对宏观经济具有结构性的调节特征。这仍将是未来一段时间货币政策和央行资产负债表的主要特征。

5.2 商业银行资产负债表

商业银行以存贷款为主营业务，是货币创造和信用创造的主体。除商业银行外，银行部门还包括政策性银行：国家开发银行、进出口银行和农业发展银行。完整编制的 1993—2019 年商业银行资产负债表如表 5-3 和表 5-4 所示。

表 5-3　　　　　　商业银行各项资产（1993—2019 年）　　　　单位：亿元

项目\年份	国外资产	储备资产	准备金存款	库存现金	国债	央票	对银行的债权	对非银金融机构的债权	对企业及政府的债权	对居民贷款	总资产
1993	2193	5579	5041	538	1459	0	1269	1348	29978	2965	44791
1994	2626	7492	6859	634	1851	83	2004	1624	36178	3798	55657
1995	3227	9911	9055	855	2332	197	2582	1978	45490	5054	70770
1996	3907	14036	13202	833	3022	147	3368	2407	54735	6421	88044
1997	4764	16193	15189	1004	3881	98	5138	2942	66674	8241	107930
1998	5516	15094	14034	1061	4874	119	6445	3724	76574	9950	122296
1999	6466	16108	14490	1618	6080	47	8125	4127	99828	11248	152028
2000	9036	16193	14905	1289	7393	8	8958	5298	111256	12421	170562
2001	10175	18171	16990	1181	11045	6	10933	6419	114344	14601	185694
2002	12843	20413	19102	1311	13554	793	15445	8022	142810	17725	231605
2003	11479	24289	22795	1495	15232	2946	18154	12107	172494	22259	278960
2004	14306	37398	35607	1791	18358	9496	20749	6896	192847	28179	328229
2005	18015	39903	38080	1822	19825	24928	35193	10667	184091	21795	354417
2006	21335	50231	48165	2066	22705	31749	41680	11902	215739	23730	419072
2007	19912	70504	67907	2596	29011	38633	56317	12755	234913	50747	512792

续表

项目 年份	国外资产	储备资产	准备金存款	库存现金	国债	央票	对银行的债权	对非银金融机构的债权	对企业及政府的债权	对居民贷款	总资产
2008	22303	93915	91019	2897	30202	42683	75741	12451	268460	57137	602892
2009	17807	104576	101267	3309	38053	54632	97915	16978	349884	83656	763500
2010	18525	136835	132817	4018	43460	40274	134453	19736	409539	112094	914916
2011	24212	173004	167902	5102	49698	22324	179466	34329	465395	135214	1083642
2012	28799	197132	191146	5986	56123	12709	237025	50520	534133	160194	1276634
2013	28814	211776	205369	6406	62341	10301	260442	72592	599575	196864	1442706
2014	36689	233489	226597	6892	71010	6564	280389	111554	673286	229216	1642195
2015	41595	219330	212661	6669	110163	6229	314186	176579	783762	267326	1919171
2016	50020	246447	239867	6581	172140	525	315878	265299	836468	329544	2216321
2017	53482	256108	249680	6428	218244	0	296043	280617	889011	399669	2393175
2018	60146	243161	237224	5937	264353	3000	287239	258694	977946	472762	2567301
2019	63618	236958	231289	5670	307281	0	296766	246493	1085250	546351	2782718

资料来源：国家资产负债表研究中心（CNBS）。

表 5－4　　　　　　　商业银行各项负债（1993—2019 年）　　　　　　单位：亿元

项目 年份	存款	企业存款	政府机关团体存款	居民存款	央行贷款	其他银行贷款	对非银金融机构的负债	国外负债	债券发行	实收资本	总负债
1993	24556	8606	746	15204	9680	337	211	3328	1273	4490	43875
1994	35685	13279	887	21519	10317	454	301	3417	1656	4866	56695
1995	47935	17324	949	29662	11174	613	397	3522	2152	5218	71011
1996	61989	22450	1018	38521	14210	825	545	3448	2798	5562	89377
1997	75884	28656	948	46280	14358	1109	862	3522	3637	6001	105373
1998	87641	32487	1747	53408	13058	1496	1296	3656	5320	6611	119079
1999	98961	37182	2157	59622	12250	2024	1807	3896	6355	7276	132569
2000	106480	44094	2632	59754	9134	2737	1568	4100	7429	7397	138845
2001	122770	51547	3372	67851	9647	3639	2661	3102	8448	7660	157927
2002	145151	60029	5581	79542	12434	4879	8567	3917	10102	8772	193823

续表

项目 年份	存款	企业 存款	政府机 关团体 存款	居民 存款	央行 贷款	其他银 行贷款	对非银 金融机 构的负债	国外 负债	债券 发行	实收 资本	总负债
2003	174020	72487	6900	94633	10862	6696	9956	4405	11654	10729	228321
2004	212782	84671	8556	119555	9803	9165	9516	5354	15204	11750	273573
2005	249716	96144	12521	141051	7808	12382	12537	4990	20379	10577	318388
2006	290565	113216	15762	161587	6202	15121	18760	5317	25873	13101	374939
2007	330834	138674	19544	172616	7160	21138	37054	6039	33565	18425	454214
2008	398473	157632	23039	217801	4610	32580	32030	5143	42335	21751	536922
2009	508091	217110	30745	260237	5584	44022	42162	6019	51925	23131	680934
2010	614941	244496	67352	303093	5629	55748	44255	7179	59105	26507	813365
2011	761954	296137	113019	352797	6764	85082	52211	7766	75410	28642	1017828
2012	876826	328895	136568	411363	13903	108636	62999	9900	92318	30725	1195308
2013	993276	364115	162129	467031	11663	110398	74805	17973	103672	32546	1344333
2014	1089799	389835	191086	508878	26617	111118	112401	25088	123119	36410	1524552
2015	1197688	430247	215367	552073	33638	131306	155915	12978	160004	42995	1734523
2016	1351684	502178	246002	603504	87880	144837	157275	12673	201111	46947	2002406
2017	1497921	571641	276938	649342	105470	126116	168351	20479	225877	51828	2196042
2018	1608888	589105	298095	721689	104475	108916	184311	20894	255388	54213	2337083
2019	1747073	621147	306764	819162	98826	114185	198935	16816	280399	64576	2520811

资料来源：国家资产负债表研究中心（CNBS）。

商业银行资产负债表规模

从规模上看，中国商业银行资产负债表在过去20余年时间中经历了大幅度的扩张过程，从2000年的2万亿美元增长至2019年的超过40万亿美元，并且已经超过美国和日本的商业银行总规模，如图5-9所示。截至2019年年底，中国商业银行总资产相对于2000年增长了19倍，美国商业银行总资产增长了1.9倍，日本商业银行仅增长了30%。商业银行的扩张速度表现出了较大的不同，而且是在中央银行总资产扩张幅度基本一致的环境下，这从根源上体现出各国金融市场结构和金融资产结构的特征。中国目前仍然是以银行为主体的金融市场，银行资产也在全部金融资产中占据了最核心的地位。

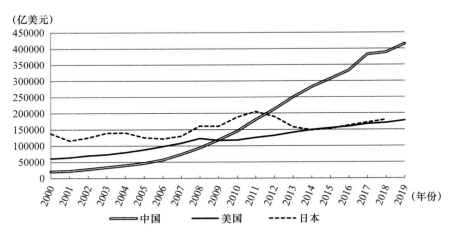

图 5 - 9　商业银行资产总规模

资料来源：国家资产负债表研究中心（CNBS）。

从与经济规模总量的相对维度来看，中国当前的银行总资产约为GDP 的 190%，略低于日本，但远高于美国，这表明英美以资本市场为主体，而中国更偏向于日德模式，以银行为主体。从趋势上来看，2016年以来，银行总资产的上升速度已经慢于 GDP 的增速，这与同时发生的"去杠杆"过程是一致的，如图 5 - 10 所示。银行资产的主体是实体经济的债务，另一部分是金融机构间的同业拆借，这两部分资产自2016 年开始增速都有所减慢。2020 年为应对新冠肺炎疫情冲击，这一比例有所上升，但未来仍将回到一个趋于稳定的状态中。

商业银行资产负债表结构

从商业银行资产方结构来看，过去 20 年最为突出的特征是对居民贷款占比的提升，从 2000 年的 4% 上升到 2019 年的 18%。改革开放以来，中国居民贷款经历了从无到有的过程，银行部门也逐步从传统完全对公的业务模式逐渐转型为当前的现代金融机构。居民贷款在商业银行总资产中的占比仍处于一个上升的趋势，并且自 2016 年开始以更快的

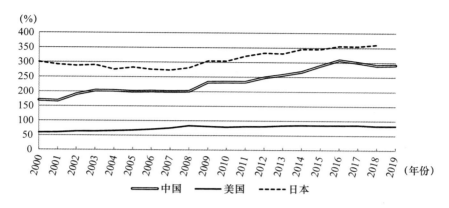

图 5 – 10　商业银行资产总规模／GDP

资料来源：国家资产负债表研究中心（CNBS）。

速度上升，这与结构性"去杠杆"、限制对国有企业以及居民消费性贷款的快速增长比较相关。在国内大循环为主导的趋势下，居民消费贷款的占比仍有进一步提升的空间。从国际比较来看，2010 年左右，中国的居民消费贷款占比已经超过了日本的水平，并且差距在不断拉大，如图 5 – 11 所示。日本银行体系的总规模较为庞大，因此从居民贷款规模与 GDP 的比例来看，中国尚不及日本，但随着当前的趋势发展，居民杠杆率也会很快超过日本。从存款角度来看，中国的居民部门是净盈余部门，金融资产的积累速度要高于贷款，而存款又在居民金融资产中占绝对份额的比例，虽然居民债务和居民杠杆率近年来都以较快的速度增长，但总体风险是基本可控的。

　　另一方面，中国的非金融企业贷款在商业银行总资产中的占比自 2000 年以来处于一个下降的趋势，从 2000 年的 55% 下降到 2019 年的 33%。但 2017 年以来又发生了边际增长的变化，如图 5 – 12 所示。主要原因在于金融"去杠杆"过程中，影子银行信用创造水平下降，这部分资金回流到银行表内，以银行贷款的形式流入实体经济。从表面上看，实体经济的信贷更加依赖于银行的融资，资金来源更为偏离多元化的方向。但本质上，由于过去较多的影子银行业务并非真实的金融创新，而是资金通道业务。金融"去杠杆"正是降低这类资金空转业务规模，让所谓的创新业务回归到表内的过程。这种结构性变化也较为合

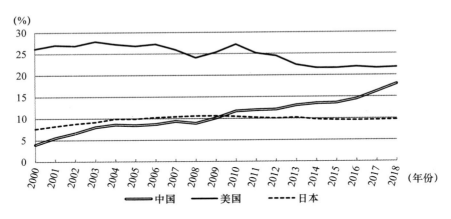

图 5 – 11　商业银行资产中居民贷款占比

资料来源：国家资产负债表研究中心（CNBS）。

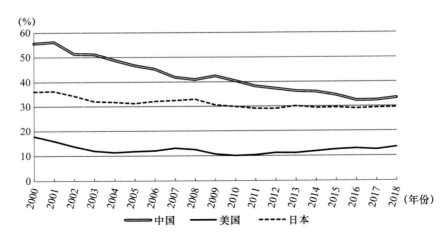

图 5 – 12　商业银行贷款中非金融企业贷款占比

资料来源：国家资产负债表研究中心（CNBS）。

理。从国际比较来看，中国的商业银行的总资产中，对企业贷款的占比
仍然是最高的，略高于日本，远高于美国的水平，这有两个主要原因：
一是中国的金融体系仍处于结构调整的过程当中，银行对企业的贷款过
去占比较高，是由传统的业务模式形成的，从长期来看，企业资金来源
会更趋于多元化，银行对企业贷款的占比也会进一步下降。二是中国的

直接融资占比仍然较低，商业银行所持有的债券资产相对较少，导致贷款占比较高。未来随着金融供给侧结构性改革的推进，直接融资占比提升，商业银行资产方的企业贷款占比还会有所下降。

5.3 非银行金融机构资产负债表

金融部门除银行外还包括信托投资公司、证券公司、保险公司、公募基金、私募基金、小额贷款公司、P2P 平台、保理公司、财富管理公司、财务公司、金融租赁公司等。非银行金融机构的种类繁多。凡从事金融业务的商业机构且并不划分为银行的，都属于非银行金融机构。本书对非银行金融机构部门的资产负债表只估算其主要部分，对于金融租赁、保理、财富管理等规模较小的部分暂时忽略。

货币具有支付手段和结算手段的职能，而只有现金和银行存款被看作货币，因此银行是唯一的货币创造机构。银行的贷款行为会同时增加非银行机构在银行的存款和贷款，产生货币创造作用。虽然非银行金融机构也能起到信用创造的职能，例如从理论上来说信托公司可以同时在资产负债表两端增加一笔信托存款和信托贷款从而创造信用，但所有在非银行金融机构持有的存款以及其他债权都不是法定的支付手段和结算手段，不能被统计为货币，非银行金融机构也就不具有货币创造职能。近几年随着互联网金融的发展，这一传统划分方式也面临极大的挑战。例如余额宝、理财通的发展，使得作为支付手段的工具在实质上经历了大范围的扩展。这类金融产品的本质是传统货币型基金，相当于居民将部分本该存于银行的闲置资金购买了基金公司发行的货币型基金产品，而这部分货币型基金也具有了支付职能。虽然在形式上我们还没有将这部分金融工具统计为货币，但在购买这类基金的居民眼中，其形式完全类似于银行存款，起到了和货币相似的职能。这类金融工具不仅仅局限于货币型基金，还主要包括银行理财，甚至部分隐含保本型的信托产品、券商资管产品、基金专户产品也被居民看作定期存款的替代者，与广义货币的地位类似。由此我们认为，传统的货币统计范围越来越不适用于互联网金融时代。非银行金融机构的金融工具越来越丰富，银行也发展了表外理财产品。在完善国家资产负债表的工作中，应把这些类金融工具也全部纳入考虑，才能完整地反映全社会的资产负债状况。

此外，非银行金融业的行业结构与资产负债表结构并不完全一致。有些机构的管理资产规模是合并至公司整体的资产负债表之中的，如证券公司、保险公司，其所发行的大部分金融产品包含在公司自身的资产负债表之中。而另外一些金融机构，如基金公司，其公司自身的资产负债表很小，所有基金产品都是以单独金融工具的形式出现，这些金融工具有其独立的资产负债表。因此我们在核算非银行金融业资产负债表时，不应以这些金融机构的资产负债表为基础，而是应该以各类金融工具为起点，将主要金融工具的资产负债表改造为非银行金融业整体的资产负债表。这种划分方式的一个重要优势是方便并入国家资产负债表体系，并与其他部门的资产负债相关联。

按金融工具来划分，本书所统计非银行金融业的金融工具包括银行理财、信托、证券公司资管、保险公司资管、公募基金、公募基金专户、公募基金子公司专户、社保基金、小额贷款、P2P等。这些金融工具的总资产对应着非银行金融部门的资金来源，记在负债方。资产方项目则对应着这些金融工具的资金运用，包括在央行的存款、在商业银行的存款、国债、企业债、银行债、对银行的资金拆借、信托贷款、对非银金融部门的同业债权、股票投资和其他股权投资等。在金融机构的创新中，存在大量金融部门内部的资产负债关系。

自20世纪70年代以来，随着金融自由化的进程，发达资本主义国家金融部门的结构发生了显著的转型，从过去传统的银行中介模式转型为"发起—分销"（originate-and-distribute）模式，整个金融中介更像是成为了一个"黑箱"，金融资产规模也成倍上升。在传统的银行中介模式中，一笔100万元的资金直接从存款转化为贷款，金融部门资产负债表中只增加100万元的贷款资产和100万元的存款负债。但当转型为"发起—分销"模式后，银行、券商资管、理财、信托等金融资产都会有所增加，但其本质与传统100万元的存款和贷款是没有区别的。

非银行金融机构部门的总负债（资金来源）中，有相当一部分比例来自于部门内部。我们需要估计全部资金运用（总资产）中，有多少投向了非银行金融机构的产品，即非银行金融机构的同业资产。由于非银行金融机构种类繁多，本书这里不再对其进行专门分析，而是归并到金融部门资产负债表中进行一致分析。

5.4 金融机构部门资产负债表

将中央银行、商业银行和非银行金融机构资产负债表合并在一起，便形成了整体金融部门的资产负债表，结果如表 5 - 5 和表 5 - 6 所示。

金融部门资产负债表规模

2019 年年底，中国金融部门总资产达到 440.6 万亿元（62.7 万亿美元），为 GDP 的 4.4 倍。自 20 世纪 90 年代以来，中国金融部门总资产以及与 GDP 的比例始终处于上升趋势，且自 2009 年开始以更快的步伐加速上升。但在 2017 年后，这一趋势出现逆转，金融资产总规模（以美元计价）在 2017 年后基本保持稳定，金融资产与 GDP 的比例有所下滑，如图 5 - 13 所示。目前中国金融资产的总规模仍大幅低于美国，美国金融部门总资产在 2019 年达到 108 万亿美元，接近于中国的两倍。

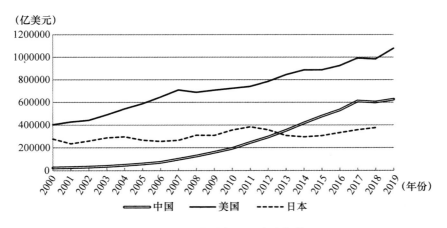

图 5 - 13 金融部门总资产规模

资料来源：国家资产负债表研究中心（CNBS）。

表 5-5　金融机构部门各项资产（1993—2019 年）

单位：亿元

年份\项目	非金融资产		金融资产										总资产
	固定资产	其他非金融资产	通货	存款	贷款	金融机构往来	债券	股票与股权	证券投资基金份额	准备金	中央银行贷款	国际储备资产	
1993	930	2518	538	564	31786	1269	1448	3598	356	5541	10614	1550	60712
1994	1499	3087	634	825	37161	2004	3004	3958	387	7468	11315	4451	75792
1995	2089	3677	855	1279	47010	2582	3990	4354	418	9673	12036	6670	94631
1996	2881	4469	833	1536	57631	3368	4766	4789	447	14355	15014	9562	119650
1997	3561	5149	1004	1126	72117	5138	6424	5268	472	16115	16601	13229	146205
1998	4001	6355	1061	1635	85872	6445	12706	7318	490	14745	16125	13560	170312
1999	4156	6510	1818	2702	94984	8125	16074	8050	498	15018	19309	14459	191703
2000	4476	6830	1489	5870	103697	8958	21169	8855	490	15532	22230	15583	215178
2001	4816	7170	1382	10488	115414	10933	24152	9740	459	17226	20055	19860	241694
2002	5175	7529	1512	10781	136055	15445	29778	10714	395	19301	19735	22820	279240
2003	5556	7910	1696	12546	164081	18154	38604	11786	571	23079	19445	30659	334088
2004	5960	8314	1992	12299	196161	20749	51204	12964	679	36063	19426	46398	412210
2005	6389	8742	2023	17326	217006	22963	78798	14261	849	38542	25985	62698	495581
2006	6842	9196	2267	5214	251318	28667	106072	15687	1160	48400	28533	84846	588202

续表

年份	非金融资产		金融资产										总资产
项目	固定资产	其他非金融资产	通货	存款	贷款	金融机构往来	债券	股票与股权	证券投资基金份额	准备金	中央银行贷款	国际储备资产	
2007	7324	9678	2797	14149	297976	44043	137676	17255	4488	68228	20899	123878	748391
2008	7834	10188	3098	8808	350960	55802	155374	18981	9749	91822	20329	161811	894754
2009	8374	10728	3510	15111	466113	71072	194269	20879	19077	102040	18736	184571	1114482
2010	8947	11301	4179	12905	555501	87098	206733	22967	30466	133659	20837	214700	1309292
2011	9555	11909	5415	42330	637150	94963	219415	77965	51406	168811	20917	235199	1575034
2012	10199	12553	6331	58182	754735	113454	248437	113839	91716	192495	26765	239953	1868658
2013	10881	13235	6782	69506	880901	115696	276256	146646	155249	206699	22080	270145	2174079
2014	11605	13959	7536	107385	1017867	116134	325546	190844	252025	228155	32846	276789	2580691
2015	12372	14726	7667	151011	1186548	136210	424345	300496	394604	215487	33355	252023	3128844
2016	13185	15539	7578	152016	1362728	150096	565334	348853	534383	246352	91144	226601	3713809
2017	14046	16400	7426	168351	1519444	132021	643164	356055	587449	254699	108319	220284	4027658
2018	14960	17314	7040	184311	1665869	113852	732152	327231	523649	241240	116188	216484	4160287
2019	15928	18282	6970	198935	1821952	119597	827160	333067	488365	235863	122372	217797	4406288

资料来源：国家资产负债表研究中心（CNBS）。

表 5－6　金融机构部门各项负债（1993—2019 年）

单位：亿元

项目 年份	通货	存款	保险准备金	金融机构往来	准备金	金融债券	央行贷款	证券投资基金份额	其他负债	股票与股权	总负债
1993	6402	27056	785	1269	5541	1273	10614	585	3382	3802	60712
1994	7884	39120	942	2004	7468	1738	11315	672	-460	5109	75792
1995	8575	52361	1130	2582	9673	2349	12036	773	-1261	6414	94631
1996	9435	67470	1356	3368	14355	2945	15014	891	-2574	7391	119650
1997	10981	81287	1628	5138	16115	3735	16601	1029	1344	8346	146205
1998	12064	93833	1953	6445	14745	5378	16125	1301	9845	8622	170312
1999	15074	107111	2344	8125	15018	6401	19309	1962	7398	8963	191703
2000	15941	124156	3037	8958	15532	7437	22230	2464	5759	9665	215178
2001	16870	148020	4132	10933	17226	8454	20055	2712	2909	10383	241694
2002	18589	173573	5845	15445	19301	10896	19735	3431	1341	11085	279240
2003	21240	209519	8211	18154	23079	14600	19445	4796	1076	13969	334088
2004	23259	247450	10668	20749	36063	24699	19426	8417	4867	16611	412210
2005	25854	293906	13703	22963	38542	45307	25985	11664	-3460	21118	495581
2006	29139	328098	17758	28667	48400	57622	28533	18115	4225	27646	588202
2007	32931	384411	26104	44043	68228	72198	20899	49588	13125	36864	748391

续表

项目 年份	通货	存款	保险 准备金	金融机构 往来	准备金	金融债券	央行贷款	证券投资 基金份额	其他负债	股票与 股权	总负债
2008	37116	450493	30077	55802	91822	85018	20329	45568	33449	45081	894754
2009	41556	587186	36571	71072	102040	106557	18736	67699	29508	53557	1114482
2010	48646	758959	45433	87098	133659	99379	20837	83294	-37317	69305	1309292
2011	55850	885184	54124	94963	168811	97734	20917	112791	0	84660	1575034
2012	60646	1028911	66191	113454	192495	105027	26765	173933	0	101236	1868658
2013	64981	1201018	76873	115696	206699	113973	22080	255519	0	117238	2174079
2014	67151	1378542	93314	116134	228155	129683	32846	389969	0	144896	2580691
2015	69886	1613531	111795	136210	215487	166233	33355	600475	0	181871	3128844
2016	74884	1832665	133911	150096	246352	201636	91144	776153	0	206968	3713809
2017	77074	1975834	149206	132021	254699	226377	108319	872678	0	231449	4027658
2018	79146	2108958	164088	113852	241240	255588	116188	827085	0	254143	4160287
2019	82859	2280398	185271	119597	235863	281419	122372	810749	0	287758	4406288

资料来源：国家资产负债表研究中心（CNBS）。

金融部门总资产大致相当于全社会全部存款和资管产品规模之和，既可以表示金融部门的资金运行效率，也可以反映金融中介服务的成本。金融部门总资产规模越大意味着产生相同 GDP 所需要的金融资产越多，金融中介的成本相对越高。美国自 2000 年以来，这一比值基本稳定在 400%—500%，而中国在 2016 年年底也达到了 500% 的水平，随后开始下降，2019 年降到了 440%，如图 5－14 所示。目前中国的金融部门总资产与 GDP 的比例仍是小于几个可比的发达国家。

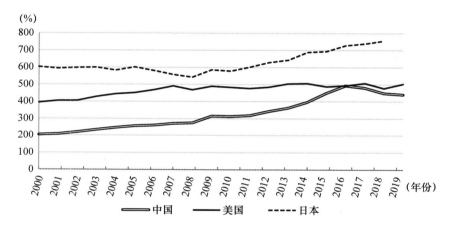

图 5－14　金融部门总资产占 GDP 的比例
资料来源：国家资产负债表研究中心（CNBS）。

金融资产占比上升与金融杠杆率上升的趋势是一致的。从金融部门资产方来看，除了以贷款和债券形式为实体经济提供的债务融资之外，其余主要都是各类金融部门内部债权债务关系。金融杠杆率正是反映这一关系的指标，因此金融部门总资产占比上升是实体经济杠杆率和金融部门杠杆率共同作用的结果。中国自 2009 年以来实体经济杠杆率和金融部门杠杆率双双快速攀升，造成金融部门总资产以更快的速度上升，自 2008 年年底的 280% 上升到 2016 年年底的 490%，将近翻倍，随后开始下降。通过横向比较可以看出，不同国家的金融部门总资产都有较大的差别。自 2008 年国际金融危机以来，美国和欧洲都经历了"去杠杆"的阶段，金融部门总资产增速也开始下降。而中国在国际金融危机后启动了 4 万亿元财政刺激计划，全社会信贷规模快速增长，这既导致实体经济和金融部门杠杆率的攀升，也使得金融部门总资产快速增长。虽然广义货币与贷款也有较快的增速，但金融部门总资产增速更快。自 2009 年金融加杠杆以来，银行与影子银行顺畅的扩表，既意味着实体经济流动性相对充裕，也意味着金融体系内部的流动性堆积，实体经济融资成本被推高。同时，金融加杠杆的过程也推升了资产价格泡沫，破坏了金融系统的稳定性。2017 年被称作金融监管元年，金融部门杠杆率开始下降。随着金融监管的继续推进，金融部门杠杆率和金融部门资产负债表规模占比都开始掉头向下，金融风险得以释放。

金融部门资产负债表结构

1. 影子银行经历了先上升再下降的过程

影子银行的变化是中国金融部门资产负债表结构中最大的变化特征，对银行传统业务的监管以及金融自由化发展促进了非银行金融体系的快速发展。影子银行与银行都是金融市场的组成部分，二者都具有金融中介的本质特征，但也具有一些重要区别。第一，影子银行可以创造信用，但不创造货币。相比货币创造，信用创造是更为广义的概念，其包括银行通过贷款所进行的信用创造，也包括各类资管产品投向企业后所形成的各类投资基金和受益权等形成的信用创造。只有银行贷款和银行购买债券才能创造出新的货币，而影子银行所创造的信用并不与银行存款相对应，不会影响到货币总量。第二，由于并不具备货币创造职能，影子银行受货币政策和金融监管政策的约束相对较小。传统央行的数量控制政策主要盯住广义货币，而对全社会总信用的创造给予的关注度较小。此外，由于影子银行并不需在央行保有存款准备金，且创新速度很快，金融监管政策对其影响也更小。第三，影子银行所造成的金融不稳定性更为严重。由于没有相应的存款准备金制度，且较大量持有金融部门内部的资产，影子银行更易遭受流动性冲击的风险。在遭遇流动性风险时，影子银行如果无法顺利获得央行所提供的流动性资金，只能抛售短期资产，缩紧资产负债表，从而给整个金融部门带来系统性冲击。

从趋势上看，中国金融部门杠杆率和影子银行信用规模占比都经历了一个先上升再下降的过程。从图 5－15 可以看出，自 20 世纪 90 年代以来，金融杠杆率经历了一个较长时间的上升过程，尤其是 2008 年国际金融危机以来，这种上升趋势更为明显，与之相伴随的是影子银行规模占比上升。直到 2016 年，金融杠杆率已经达到了一个相对较高的位置，影子银行信用规模也较高。金融机构的本意在于汇集资金，并投向经济效率最高的领域，达到资源优化配置。但由于监管政策不完善，金融机构为了规避监管，获取监管套利，通过业务创新让资金在金融体系内部循环空转。房地产、地方融资平台、高污染高耗能等被限制债务融资的企业转到从影子银行获取资金。然而这部分资金的初始来源依然是传统商业银行，只是增加了从商业银行到影子银行之间的各类通道。这导致了金融杠杆率和影子银行规模的共同上升。

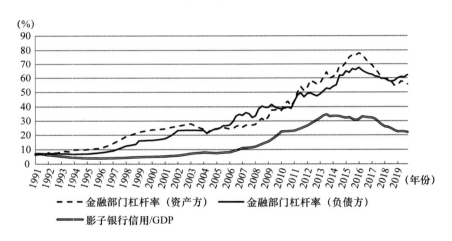

图 5 - 15　金融杠杆率与影子银行信贷

资料来源：国家资产负债表研究中心（CNBS）。

　　但自 2016 年之后，上升的趋势得以逆转。随着金融监管的强化，影子银行体系将出现两点显著变化。第一，影子银行内部的多重嵌套关系将有所下降，这使影子银行总资产规模增速放缓，甚至出现资产规模的下降。第二，由影子银行体系所产生的信用创造比例也开始下降。经历了 2016—2019 年的金融"去杠杆"过程，金融部门杠杆率已经达到较为合理的水平，各种金融乱象得到了有效遏制。大量影子银行和银行表外资产都已回归到合理水平。根据银保监会的统计，影子银行规模较历史峰值下降 16 万亿元，治理成效明显。与影子银行资产相对应的地方政府隐性债务、过剩产能部门债务都经历了明显的收缩。2019 年年底的中央经济工作会议也指出"金融体系总体健康，具备化解各类风险的能力"。以 2017 年《关于规范金融机构资产管理业务的指导意见（征求意见稿）》为起点，监管部门对金融杠杆进行了有效的治理，尤其是在统一监管规则方面，堵住了资金在金融体系之内空转的途径。2020 年宏观经济环境发生了较大变化，稳增长的压力突增，但金融杠杆率依然保持稳定。2020 年前三季度，资产方统计的金融部门杠杆率分别上升了 2.9、-0.5 和 -1.6 个百分点，前三季度共上升了 0.8 个百分点；负债方统计的金融部门杠杆率分别上升了 1.0、-0.3 和 1.6 个百分点，前三季度共上升了 2.3 个百分点。金融部门"去杠杆"的成绩保持稳定，金融监管彰显定力。

2. 金融部门的资产方多元化发展，反映直接融资占比上升

从资产方角度来看，中国金融部门资产结构发生了较大的结构变化。第一，贷款规模在金融部门总资产中的占比自 2000—2016 年处于长期下降的态势，从 2000 年的 50% 下降到 2016 年的 37%，而 2017 年之后又有所上升，如图 5-16 所示。从长期趋势来看，传统的债务融资方式以贷款为主，但随着各类金融工具的发展，债务融资方式也开始丰富起来。贷款是最为典型的间接融资方式，中国从间接融资逐渐过渡到直接融资的金融结构，直接体现为金融部门资产负债表中贷款规模的下降。2017 年之后贷款占比上升的主要原因在于金融"去杠杆"导致的大量影子银行债务回流到表内，传统通过银证信等方式合作所形成的信用规模重新形成了传统银行贷款。目前中国金融部门总资产中的银行贷款规模占比仍普遍高于几个可比的发达国家，从长期趋势来看，仍有下降的空间。

第二，金融部门总资产中的股权和投资基金占比自 2010 年之后快速上升，从 2010 年约 5% 的水平增长至 2016 年最高的 24%，随后开始回落，2019 年年底下降至 19%，如图 5-17 所示。从国际比较来看，中国金融机构所持有的股权和投资基金规模占比仍大幅低于美国，但远高于日本的水平。究其原因，主要在于 2008 年国际金融危机后大量信用的投放是通过影子银行方式进行的，这部分新增信用的资金来源依然

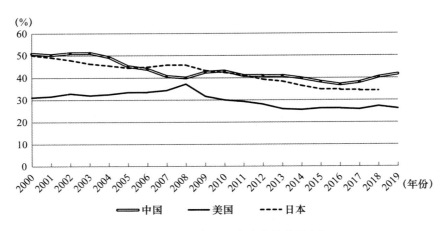

图 5 - 16　金融部门总资产中的贷款占比

资料来源：国家资产负债表研究中心（CNBS）。

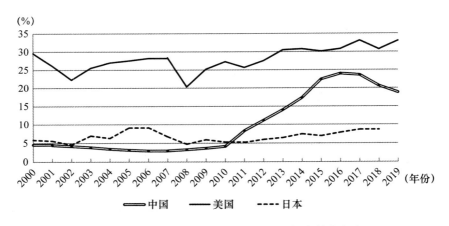

图 5 - 17　金融部门总资产中的股权及投资基金占比

资料来源：国家资产负债表研究中心（CNBS）。

是传统商业银行，但最终表现形式是信托资管计划、私募股权基金、公募基金专户等，形成了大量的证券投资基金产品。由此形成了传统金融机构对大量证券投资基金的持有，再依靠这些基金向实体经济提供信用，从而达到绕过监管的效果。因此，从根本上说，中国在 2017 年之前证券投资基金份额的大量增长，来自于监管套利，而并非金融创新，2017 年强监管的环境也就势必打压这部分资产规模，造成基金占比下降。从长期趋势来看，中国金融供给侧结构性改革的主要方向依然是从间接融资向直接融资的转型，在更为严格且统一的金融监管框架下，未来这部分资产仍是具有重要意义的。

第三，金融部门持有的债券占比有所上升，但在国际上仍处于较低水平。2000—2019年，中国金融机构持有的债券规模经历了先上升——再下降——再上升的过程，从2000年的10%上升至2007年的19%，随后下降到2014年的13%，2019年年底回升至19%，如图5-18所示。这一变动趋势与中国债券市场的结构高度相关。2000—2007年，银行持有债券水平上升是间接融资向直接融资转型的反映，中国大量企业开始发行债券，同时以债券投资为主体的非银行金融机构大量诞生，提升了金融部门持有债券的数量。但2008年国际金融危机之后，信用无法顺畅地从传统商业银行的渠道出表，影子银行占比提升，挤占了金融部门持有债券的额度比例。而2015年《预算法》实施后，地方政府债券规模急速上升，而这部分债券几乎全部持有在以商业银行为主的金融机构手中，其占比也快速上升，形成了当前债务规模又重新上升的趋势。从国际比较来看，中国金融机构持有债券的规模仍远小于美日等国家，这既反映了实体经济资金来源较为单一，仍以银行贷款为主，同时也反

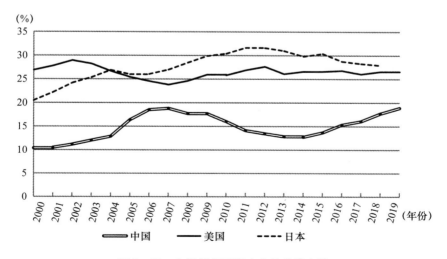

图5-18 金融部门总资产中的债券占比

资料来源：国家资产负债表研究中心（CNBS）。

映了金融机构在资产配置上的单一化。在一个以直接融资为主体的金融结构中，债券是非常关键的融资工具，金融机构所持有的债券规模的占比也应较高。笔者认为，中国金融部门持有的债券规模占比仍将有一个上升的趋势，但地方政府债券的拉动作用将逐渐减弱。

3. 金融部门的负债方多元化发展，广义货币指标弱化

金融部门的资金来源主要以存款为主，此外还有发行债券、证券投资基金、股票及股权投资等。存款是广义货币的主要组成部分，也是全社会金融资产中流动性最强的部分。但随着金融体系的发展，其他金融资产与存款之间的界限也越来越模糊，分流了部分存款，也使得广义货币这一指标逐渐弱化。

从中国的金融负债结构来看，长期的趋势是存款占比下降，从2000 年的65%下降到2019 年年底的54%，更多的金融财富以其他金融资产的形式存在。但从国际比较来看，中国目前存款规模的占比仍小幅高于日本，大幅高于美国，如图 5 – 19 所示。这也是中国的 M2/GDP 相对较高的主要原因。从债务角度来看中国宏观杠杆率并不很高，低于美国，但广义货币/GDP 却高于美国。从资产负债表角度来看，根本原因在于金融部门负债方的存款占比的水平不同。中国的存款占比虽然已经有了大幅下降，但目前仍是最重要的负债组成，而美国金融资产负债表

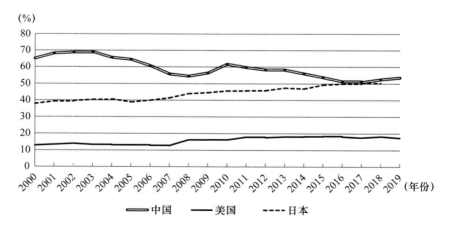

图 5 – 19　金融部门总负债中的存款占比

资料来源：国家资产负债表研究中心（CNBS）。

中的存款占比不到 20%，大量信用并没有形成存款，而是以其他金融资产的方式储存，形成了所谓的货币与信用的较大缺口。最初对广义货币的定义为现金加存款的出发点是流动性，货币是金融资产的一部分，金融资产中除了流动性最高的货币外，还包括股票、证券投资基金、保险等。随着互联网金融的发展，金融资产的流动性也在发生根本性的变化，如支付宝和理财通等金融产品，并不属于银行存款，而是货币型基金，但具有很强的流动性和支付便捷性，在现实生活中很多人已将其视为银行存款的替代品。银行各种丰富理财产品的发展也起到了分流存款的作用。传统意义上的广义货币统计口径已越来越不适合对全社会真实金融流动性的观察，而全面的金融部门资产负债表能够为此提供更为广泛的观察角度。

4. 双循环发展格局在金融结构中的体现

过去几十年中，全球经济体系基本遵守了以美国为主导的发展框架，中国经济仅是积极参与到全球大格局之中。改革开放是决定中国命运的关键，中国通过对外开放逐渐融入了以美国为主导的全球经济体系。从设立经济特区和沿海开放城市，到加入世界贸易组织，中国经济有效融入了经济全球化，并成为全球化的积极参与者和推动者。但这一时期，国际经济框架是以美国为主导的，中国的经济体量和影响力太小，尚不能对全球经济格局产生较为重大的影响；市场和资源的主要特征是"两头在外"。随着中国经济总量越来越大，全球各国都再难忽视这条奔驰的巨龙，传统发展经验也不再适应于中国经济的新体量，对新发展格局的建立提出了必然要求。面对这样的环境，习近平总书记提出"加快形成以国内大循环为主体、国内国际双循环相互促进的新发展格局"。这是在深刻理解当前世界体系百年未有之大变局的基础上，正确把握新时代特征，对中国未来中长期发展的重大战略部署；也是中国成功跨越"修昔底德陷阱"，真正成为世界经济强国的内在要求。只有形成"双循环"的新发展格局，才能适应国际力量"东升西降"的全新变局，才能突破全球保护主义的桎梏封锁，才能建立以亚洲国家为主导的国际新秩序，才能维护社会主义和资本主义两种经济制度的共同发展，才能实现东西方两种文明的长久和谐。"双循环"不是单纯应对美国脱钩的权宜之计，也不是再搞一次闭关锁国，而是依靠国内大循环来构建中国特色社会主义经济的新框架和新秩序，并在此基础上影响世界，实现国际大循环。

从国内金融结构来看，资本市场快速发展，长期投资者占比上升，为非金融企业提供了更多的长期稳定资金来源，促进国内大循环发展。目前中国保险准备金在金融部门资金来源中仍不足5%，保险和养老金总规模尚不足美国的10%，绝对规模较低；但近年来保险资金和证券投资基金的增速是较快的，保险准备金在金融部门资金来源中的占比从2009年的3.3%上升至2019年的4.2%；证券投资基金占比从2009年的6.1%上升至2017年最高点的21.7%，近两年有所下降，但2019年仍高达18.4%，如图5－20所示。居民增加对保险、养老金和证券投资基金的持有，这部分资金再投资于资本市场，长期持有企业股票和债券，并根据市场收益率在股权和债权市场中均衡配置。这一体系具有自身稳定性，且为企业解决了长期低成本的资金来源。中国金融部门目前虽然仍以银行存款为主要资金来源，但这一局面正在发生变化，国内大循环的畅通机制正在形成。

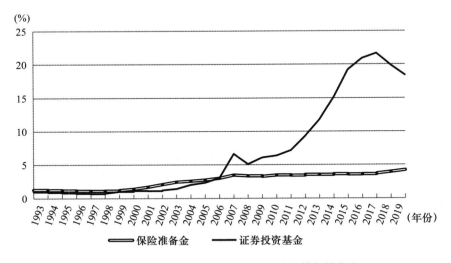

图5－20　金融部门资金来源中保险和基金的占比

资料来源：国家资产负债表研究中心（CNBS）。

在世界主要发达国家都急于扩张央行资产负债表，大幅提高基础货币规模的环境下，中国始终保持稳定的货币政策，增强了人民币的国际影响力，有利于国内国际双循环相互促进的新发展格局。人民币目前仅为全球第五大货币，仍处于边缘地位。但近年来在全球经济增速下滑，外部冲击较大的环境下，西方各国的中央银行普遍在名目张胆印钞发债收割全球财富，美元信用开始遭受质疑。而中国始终保持货币政策的稳定性，央行和金融部门的资产负债表都保持稳定；且中国在货币金融体系和汇率制度中始终保持了较高的独立性。在外部冲击加强的环境下，这种独立性还会进一步增强。这有利于在双循环战略下加快推进人民币国际化进程，完善人民币汇率体系，加大人民币利用率，建设上海国际金融中心。

5. 金融资源的有效配置和金融风险

中国金融结构在近 20 年中发生了较多变化，这些变化很多都能从金融资产负债表中得以体现，尤其是金融资源是否获得有效配置以及相关金融风险是否合理分散。

从金融资源的配置角度来看，中国的金融资产结构日趋平衡，有利于提高配置效率。贷款是金融资产中占比最高的部分，但近 20 年来已经有大幅度下降，从 2000 年的 48.2% 下降至 2019 年的 41.3%。虽然在 2017 年之后受金融"去杠杆"和影子银行资产大幅下降的影响，这一比例有所上升，但从长期趋势来看，银行贷款的占比和作用都是在下降的。与之相对应，金融机构持有的债券占比有较大幅度的上升，从 2000 年的 9.8% 上升至 2019 年的 18.8%。债券已经成为实体经济的重要融资手段，相比于银行贷款具有更好的价格发现功能，且具有更好的市场流动性。金融机构持有的股票与股权和证券投资基金也都在 2010 年之后有较快的增速，在总资产中的占比分别从 2010 年的 1.8% 和 2.3% 上升至 2019 年的 7.6% 和 11.1%，都已经成为金融部门资产配置中的重要组成部分。与之相反，国际储备资产占比在下降，从 2008 年最高点的 18.1% 下降至 2019 年的 4.9%，如图 5 - 21 所示。中国已经拥有全球第一的外汇储备资产，其对国际金融冲击的缓冲效果边际递减，降低这部分资产在总资产中的占比，也势必会提高金融资产的配置效率。

从金融资产的风险角度来看，中国金融资产的部门配置风险也更为

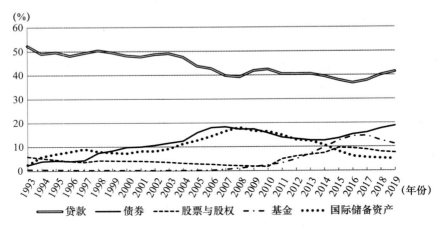

图5-21 各类金融资产在金融部门总资产中的占比

均衡。中国非金融企业部门长期具有较高的杠杆率，且由于过去的无效投资以及大量"僵尸企业"的存在，非金融企业部门相应的风险度最高。而居民和政府部门自身的资产负债率都较低，且债务规模从国际比较上看也并不算高，风险程度有限。

从近年的变化趋势来看，非金融企业的债务在金融部门总资产中的占比有所下降，从2000年的42.2%下降至2019年的32.9%；居民部门债务的占比大幅提升，从2000年的6.6%上升至2019年的14.1%；政府部门则保持稳定，近20年来始终在10%左右波动，如图5-22所示。这一趋势表现出金融部门资产配置风险的下降，从之前过度依赖为企业部门提供融资逐步转型为同时服务于居民和企业部门的均衡配置。虽然目前对企业融资的占比依然较高，但相应风险已经有所缓解。防范和化解金融风险的关键在于控制金融部门的风险，尤其是金融部门资产配置上的风险。

从总体上看，中国居民部门和企业部门资产负债表都较为健康，非金融企业部门杠杆率较高。这就要求金融部门从资产配置上应继续加强对居民和政府部门的资金供给；同时在非金融企业部门要加强对直接融资，尤其是股权融资的支持，降低企业债务的占比。金融部门既要保持对实体经济的支持力度，同时还要继续推进结构性"去杠杆"，在稳定总杠杆的条件下降低国有企业债务和地方政府隐性债务。

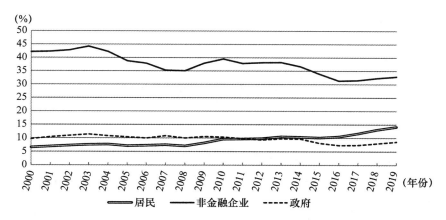

图 5 – 22 实体经济各部门债务占金融部门总资产的比例

资料来源：国家资产负债表研究中心（CNBS）。

6

对外部门资产负债表

    对外部门资产负债表是国民经济账户不可分割的一部分，主要描述一国居民与非居民之间的经济关系。2018 年以来的中美贸易摩擦和2020 年新冠肺炎疫情的暴发，使得中国面临的外部环境进一步恶化。未来中国可能会遇到全球产业链和供应链重塑、外部融资能力受限、国际收支恶化等问题的挑战，同时国内经济正处于迈向高质量发展的关键转型时期，从而呈现出以国内循环为主，国内、国际双循环互相促进的新发展格局。在这一背景下，中国的对外资产与负债的存量状况和持有结构、流量变动和趋势特征不仅是中国对外经济政策的反映，还是衡量中国经济外循环发展健康程度的重要指征，其重要性对中国构建开放型经济新体制的相关政策选择愈加凸显。

    一国对外部门的资产负债存量和流量状况分别在《国际投资头寸表》（International Investment Position，IIP）和《国际收支平衡表》（Balance of Payments，BOP）中得以反映。《国际投资头寸表》是特定时点一国居民对非居民的债权或作为储备资产持有的黄金等金融资产，以及一国居民对非居民的负债价值的统计表，而《国际收支平衡表》是特定时期内居民与非居民之间的交易汇总统计表。在分析《国际投资头寸表》和《国际收支平衡表》时应注意，近年来中国的统计方法和统计框架有过若干次重要调整。由于直接投资收益统计口径、人民币外债纳入负债、中资企业境外上市负债计值方式等方面发生改变，并且自 2015 年起采用新的 BPM6 编制方法，将加工贸易计入服务贸易等，造成了2015 年和 2014 年两个主要的数据断点，导致这两个年份前后的数据不可比。

6.1 对外部门资产负债情况

主要特征

在经历了 2015 年的短暂收缩后，中国对外部门资产负债表保持了扩张的态势，并且负债增速快于资产增速[①]。如表 6－1 所示，中国的对外资产从 2012 年年底的约 5.2 万亿美元增至 2019 年年底的约 7.7 万亿美元，年平均增长率为 5.8%；同期的对外负债则从约 3.3 万亿美元增至约 5.6 万亿美元，年平均增长率为 7.6%。中国对外净资产从 2012 年的约 1.9 万亿美元增加至 2019 年的约 2.1 万亿美元，年平均增长率为 1.9%。由于净资产增速显著低于同时期的 GDP 增速，净资产与 GDP 之比从 2012 年的 25.2% 下降至 2019 年的 14.8%[②]。

表 6－1 　　　　　中国国际投资头寸表（2012—2019 年）　　　　单位：亿美元

年份 项目	2012	2013	2014	2015	2016	2017	2018	2019
净头寸	18665	19960	16028	16728	19504	18141	21301	21240
A. 资产	52132	59861	64383	61558	65070	69256	73242	77145
1 直接投资	5319	6605	8826	10959	13574	14730	18990	20945
1.1 股权	3917	4693	7408	9123	11274	12413	16316	17811
1.2 关联企业债务	1403	1911	1418	1836	2300	2317	2674	3135
2 证券投资	2406	2585	2625	2613	3670	4972	4980	6460
2.1 股权	1298	1530	1613	1620	2152	3075	2700	3738
2.2 债券	1108	1055	1012	993	1518	1896	2279	2722
3 金融衍生工具	0	0	0	36	52	60	62	67
4 其他投资	10527	11867	13938	13889	16797	17136	17530	17443

[①] 本章讨论的对外资产和负债均不包括中国香港特别行政区、澳门特别行政区和台湾地区的对外资产和负债。

[②] 2014 年净资产骤降的主要原因是统计口径调整造成的负债上升，主要为调整境外上市企业估值和补计人民币外债。

续表

年份 项目	2012	2013	2014	2015	2016	2017	2018	2019
4.1 其他股权	0	0	0	1	1	54	54	84
4.2 货币和存款	3906	3751	4453	3598	3653	3677	3937	4179
4.3 贷款	2778	3089	3747	4569	5768	6372	7097	6963
4.4 保险和养老金	0	0	0	172	123	101	106	135
4.5 贸易信贷	3387	3990	4677	5137	6145	6339	5972	5604
4.6 其他	457	1038	1061	412	1107	593	364	479
5 储备资产	33879	38804	38993	34061	30978	32359	31680	32229
5.1 货币黄金	567	408	401	602	679	765	763	954
5.2 特别提款权	114	112	105	103	97	110	107	111
5.3 在国际货币基金组织的储备头寸	82	71	57	45	96	79	85	84
5.4 外汇储备	33116	38213	38430	33304	30105	31399	30727	31079
5.5 其他储备资产	0	0	0	7	2	5	−2	0
B. 负债	33467	39901	48355	44830	45567	51115	51941	55905
1 直接投资	20680	23312	25991	26963	27551	29014	27623	29281
1.1 股权	19425	22149	24076	24962	25370	26758	25386	26748
1.2 关联企业债务	1255	1163	1915	2002	2181	2256	2237	2533
2 证券投资	3361	3865	7962	8170	8111	10439	10964	13646
2.1 股权	2619	2977	6513	5971	5795	7166	6842	8617
2.2 债券	742	889	1449	2200	2316	3272	4122	5029
3 金融衍生工具	0	0	0	53	60	34	60	65
4 其他投资	9426	12724	14402	9643	9844	11628	13294	12913
4.1 其他股权	0	0	0	0	0	0	0	0
4.2 货币和存款	2446	3466	5030	3267	3166	4452	4833	4245
4.3 贷款	3680	5642	5720	3293	3205	3922	4169	4605
4.4 保险和养老金	0	0	0	93	88	100	109	135
4.5 贸易信贷	2915	3365	3344	2721	2883	2871	3931	3644
4.6 其他	277	144	207	172	408	184	154	189
4.7 特别提款权	107	108	101	97	94	100	97	97

注：从 2015 年第一季度开始，中国按照国际货币基金组织 BPM6 标准进行编制和列示。除 2014 年年底外，往期数据未进行追溯调整。表中各项均为当年年底的数值。

资料来源：国家外汇管理局。

由于当前跨境资本流动趋于平衡的局面是建立在加强本国资本流出管制和放宽外国短期资本流入的政策基础之上，这对中国对外部门资产负债表有着结构性的影响，并带来相应的潜在风险。

当前中国对外部门资产负债表呈现出以下几个主要特征：一是对外资产增速放缓，同时负债持续扩张，从而净资产增长缓慢甚至下降。2019 年对外资产、负债均小幅上升，从而净资产微降，并且净资产连续两年稳定在 2.1 万亿美元左右。未来中国企业在海外投资和融资的能力均会受到更多限制，而外商在华投资也会受到全球产业链重调的干扰，因此中国对外资产负债表或将进入低速扩张期。

二是 2016 年以来官方储备资产规模小幅上升，但外储充足性持续下降。2016 年年底至 2019 年年底，中国的官方储备资产上升了 1251 亿美元，尽管近两年受到中美贸易摩擦引致的资本流出的冲击，依然保持在 3.2 万亿美元之上。但也应注意到，同一时期中国的外储充足性（即安全阈值与当期外储的比率）却持续下降，在不同政策组合条件下降低了 15—23 个百分点。关于外储充足性的问题将留至后文详述。

三是对外资产的主要持有者由政府部门转变为非政府部门①。非政府部门持有的对外资产在总资产中的占比自 2017 年首次达到 50% 后，2019 年进一步提升至 54.8%，而政府部门持有的资产占比则下降至 45.2%，这表明尽管有着严格的资本管制，非政府部门配置国外资产的需求仍在持续增长。

四是对外负债来源出现短期投资占比上升的趋势。近年来随着中国不断深化金融开放，国外投资者增持以人民币计价的股票、债券等资产，这对中国对外负债的来源结构产生了较为深远的影响。外国在华证券投资自 2016 年年底的低点 8111 亿美元上升至 2019 年年底的 1.36 万亿美元，推动证券投资在总负债中的占比由 17.8% 升至 24.4%，同时直接投资占比由 60.5% 降至 52.4%。由于证券投资有顺周期特征，外国在华证券投资占比的提高将意味着资本流动波动性和汇率超调可能性的上升，是一种潜在的风险因素。

---

① 本章讨论的政府部门为中央银行和主权财富基金（中投公司），不包含国有企业。非政府部门为居民部门和企业部门，包含国有企业。

资产结构

2012 年以来中国的对外资产出现了显著的结构性变化。如图 6 - 1 所示，中国的对外资产主要包括五个部分：官方储备资产、直接投资、金融衍生工具、证券投资和其他投资①。

官方储备资产一直是中国对外资产的重要组成部分，2009 年时占比曾经高达 71.4%，但近年来官方储备资产在对外资产中的占比持续

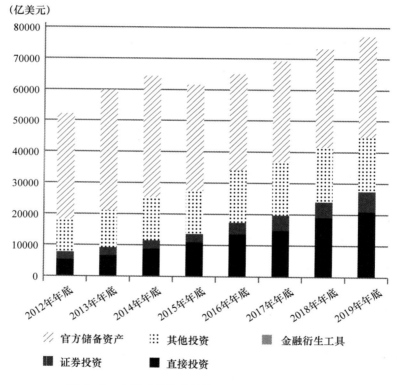

图 6 - 1 中国对外资产的构成（2012—2019 年）

注：从 2015 年第一季度开始，中国按照国际货币基金组织《国际收支和国际投资头寸手册》（第六版）标准进行编制和列示。除 2014 年年底外，往期数据未进行追溯调整。

资料来源：国家外汇管理局。

———————

① 《国际投资头寸表》中按照 BPM6 框架增加了"金融衍生工具"项目，但该项目数值并未追溯至 2015 年前，且占比仅为 0.1%，在本章的分析中基本可以忽略不计。

下降。2012—2019 年，中国官方储备资产减少了 1649.3 亿美元，由 33878.6 亿美元下降至 32229.3 亿美元，占比则从 2012 年的 65.0% 大幅下降至 2019 年的 41.8%。与此同时，直接投资和其他投资占比则呈现快速上升的态势，分别由 2012 年的 10.2%、20.2% 上升至 2019 年的 27.2%、22.6%。证券投资占比在美国次贷危机后一度出现萎缩，2012 年仅为 4.6%，近年来逐渐回升至 2019 年的 8.4%。

具体来看，官方储备资产包括外汇储备、货币黄金、特别提款权和在国际货币基金组织的头寸等。其中，外汇储备占比最高，高达 96.4%。由于外汇储备的资产配置要求兼具安全性、流动性和盈利性，考虑到美元在国际贸易和结算中的主导地位，美元资产仍是中国外汇储备的重要组成部分，特别是被视为无风险资产的美国国债，配置比例一直约为外汇储备的 1/3。根据美国财政部公布的数据，近年来中国持有的美国国债规模在逐步下降，截至 2019 年年底中国持有约 10699 亿美元的美国国债，接近 2016 年年底的十年低点。

货币黄金是中国储备资产的第二大组成部分。中国人民银行自 2018 年 12 月起连续 8 个月增持黄金约 300 万盎司，使黄金储备规模达到 954 亿美元，在储备资产中的占比提升了 0.55 个百分点，但在储备资产中占比仅约为 3%。而特别提款权和在国际货币基金组织的储备头寸的规模则长年保持基本稳定，合计不足 200 亿美元，占比仅为 0.6%。

从资产持有者结构来看，非政府部门持有对外资产占比持续上升。如图 6-2 所示，中国非政府部门持有的对外资产由 2012 年的 16628 亿美元上升至 2019 年的 42312 亿美元，年平均增长率为 14.3%，比对外总资产的年平均增长率高 8.5 个百分点。与之相对应，非政府部门持有的资产在对外资产中的占比也连年上升。在短短 7 年间，非政府部门持有比例由 31.9% 升至 54.8%。

从增长速度来看，2016 年重新收紧资本流出管制后，非政府部门持有对外资产的增速有所下降。2017 年和 2019 年的增速较低，分别为 7.7% 和 7.5%，而 2018 年增速较高为 13.6%，但均较 2010—2014 年间的年平均增速 21.4% 和 2016 年的 25.2% 低了不少。这也从一个侧面反映出中国的资本流出管制政策的执行力度在不同年份有所不同，这一

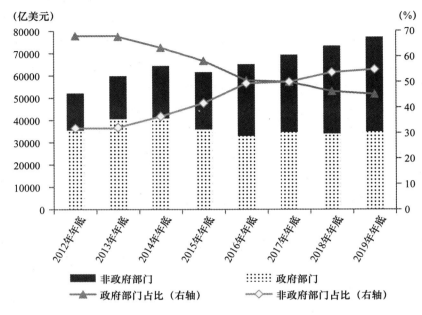

图 6 - 2 中国对外资产持有者结构（2012—2019 年）

资料来源：国家外汇管理局，中国投资公司年报。

调整应与维持当年跨境双向资本流动平衡的基本目标相适应，尽管这对中国的资本外流起到了一定的遏制作用，但非政府部门进行全球化资产配置的趋势并未被逆转，预计未来非政府部门的持有比例仍将继续小幅上升。

负债结构

2012 年以来中国的对外负债也出现了一些结构性变化。外商在华直接投资一直是中国对外负债的主要来源，但自 2015 年起人民币外债被纳入中国对外负债的统计，并且中资企业境外上市融资由成本法改为市值法计入①，这一调整使得证券投资负债增加，同时随着国内金融市场开放的推进，近年来外国在华证券投资在对外负债中的占比快速上升。

---

① 中国据此对 2014 年年底《国际投资头寸表》的负债数据进行了追溯调整。

中国的对外负债主要包括直接投资、证券投资、金融衍生工具和其他投资四个部分。截至 2019 年年底，中国由外国在华直接投资形成的对外负债存量为 29281 亿美元，证券投资为 13646 亿美元，其他投资为 12913 亿美元，金融衍生工具为 65 亿美元。由于外管局公布的《国际投资头寸表》中按照 BPM6 框架新增加了"金融衍生工具"项目，但该项目数值并未追溯至 2015 年前，且历年占比仅为 0.1%，基本可以忽略不计，因此在下文的分析中暂不加以讨论。

如图 6－3 所示，直接投资由 2012 年的 20680 亿美元增加至 2019 年的 29281 亿美元，增幅为 41.6%，而在总负债中的占比却由 61.8% 降至 52.4%，这反映出中国的负债来源出现多元化和短期化的趋势。其中，尽管面临中美贸易摩擦带来的不确定性，商务部统计的外商在华新增直接投资依然保持了正增长，由此抵消了部分外商撤资和人民币贬值产生的负效应，直接投资存量在经历了 2018 年的短暂下滑后，2019 年回升至 2017 年的水平。

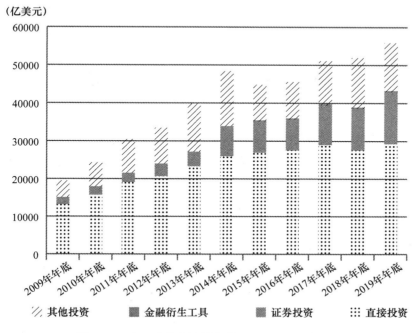

（亿美元）

图 6－3 中国对外负债的构成（2009—2019 年）

资料来源：国家外汇管理局。

与此同时，随着中国股票和债券市场的逐步开放，证券投资和其他投资在负债来源中已经占到了近半壁江山。证券投资存量由 2012 年的 3361 亿美元增加至 2019 年的 13646 亿美元，增幅高达 306%，相应的证券投资在总负债中的占比也上升至历史高点，由 10.0% 上升至 24.4%。其中，2019 年年底境外投资者在中国证券市场的持仓市值达到 6500 亿美元，股票持仓量占 A 股总市值的 4.3%，债券持仓量占境内债券托管总量的 2.3%，这些都是中国金融市场开放取得长足进展的重要表现。

其他投资则在经历了 2015—2016 年中国企业偿还外债导致的大幅回撤后，逐步回升至 2019 年年底的 12913 亿美元，占比也由 2016 年年底的 21.6% 小幅回升至 23.1%。其他投资主要由货币与存款、贷款、贸易信贷等组成，由于货币与存款项与人民币汇率呈正相关，故此项在 2019 年有所回落，由 2016 年的 4833 亿美元降至 4245 亿美元，下降了 12%；而贷款项则主要与国内企业的融资需求呈正相关，故 2019 年依然保持了增长之势，由 2016 年的 4169 亿美元增至 4605 亿美元，增长了 10%。

6.2　国际收支形势与经济外循环

国际收支平衡表所反映的资金流量情况是导致对外资产负债变化最重要的驱动因素之一，也是反映经济外循环发展状况和变化趋势的重要指征，是制定货币政策、财政政策和贸易政策的重要基础，因此需要给予重点关注。

经常账户顺差趋于收窄

中国经常账户长年保持顺差，而 2018 年以来愈演愈烈的中美贸易摩擦和 2020 年新冠肺炎疫情触发的全球供应链重塑，使得中国的经贸形势发生了快速且复杂地变化，也引发了对中国能否持续保持经常账户顺差的担忧。

如图 6 - 4 所示，中国的经常账户顺差由 2001 年的 174 亿美元快速上升至 2008 年的 4200 亿美元，经常账户顺差与 GDP 之比也从 2001 年的 0.7% 上升至 2007 年的峰值 9%。但 2008 年国际金融危机之后，在美国、欧盟等国家和地区着力推动外部再平衡、中国的经济发展模式转为投资和内需驱动、人民币汇率升值等多重因素的共同作用下，中国服务贸易逆差快速上升，储蓄率持续下降，从而导致经常账户顺差快速收窄。

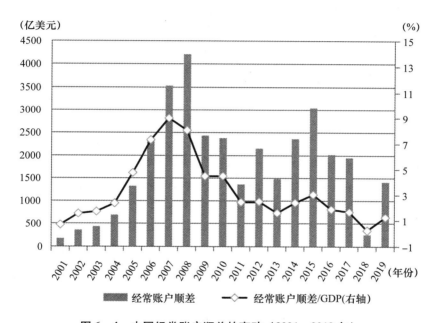

图 6-4　中国经常账户顺差的变动（2001—2019 年）

资料来源：国家外汇管理局。

具体而言，中国的储蓄率由 2010 年的最高点 52.8% 逐年下降至 2018 年的 44.4%，下降了 7.6 个百分点，而同期中国的投资率由 48.4% 下降至 44.2%，下降了 4.2 个百分点。这使得 2018 年中国的经常账户顺差降至 GDP 的 0.2%，而 2018 年上半年更是连续两个季度出现经常账户逆差，从而导致全年顺差只有 255 亿美元。

2020 年在新冠肺炎疫情的冲击下，中国的对外贸易经历了先抑后扬，表现出经济内在的巨大韧性。第一季度，中国因抗疫经历了短暂的经济骤停，以美元计货物与服务贸易出口下降 13.3%、进口下降 4.6%，经常账户逆差为 337 亿美元。随着国内疫情趋稳、经济逐步重启，形势在第二、第三季度快速好转。受防疫物资、家电等商品出口的驱动，前三季度货物贸易顺差达到3398亿美元。

不过，这一阶段的出口回暖主要是受疫情的影响，可持续性仍有待观察。一方面，中国疫情控制得当，国内复工复产情况良好；另一方面，美国、印度、欧洲、南美等多个国家和地区受到疫情的持续袭扰，经济封锁时断时续，生产生活难以恢复正常，这导致大量订单流向中国，大大提升了中国外贸部门的景气程度。

值得关注的是，由于进口复苏较出口更为缓慢，衰退式顺差重现。根据海关总署的数据，以美元计2020年前三季度中国货物贸易进出口总值同比下降1.8%，其中出口下降0.8%，进口下降3.1%，贸易顺差扩大10.8%，同期服务贸易逆差估计将延续上半年大幅收窄41%的态势，从而呈现出衰退式顺差。而衰退式顺差重现是经济收缩、内需不足的表现，也是负反馈机制被触发的信号。但这一情况会否持续，最终还是取决于中国经济刺激政策的规模和有效性，以及此次疫情在全球范围持续的时间和程度。

一个较为现实的前景是，疫情将绵延往复1—2年。虽然各国的疫苗研发都取得了突破，但若不能尽快让生产和消费恢复常态，那么企业和居民的资产负债表将会承受更大的压力，而各国政府能够提供的财政救助和央行进一步货币宽松的政策空间越来越小，美国、欧盟、日本等主要经济体的经济复苏情况恐将低于预期。而当疫情在全球范围最终得到控制后，低迷的外需、订单分流和产业链转移一同袭来，届时中国的外贸前景难言乐观。

展望未来，中美经贸关系走向和全球供应链重塑的进程将是中国外贸形势的重要影响因素。受这两个因素的影响，未来中国出口部门可能会出现萎缩，特别是加工贸易的出口规模将显著下降。与此同时，内需不振叠加人口老龄化等因素，投资、消费增速也将趋于放缓，进口也可能出现萎缩，从而导致经常账户变动方向不明。经常账户既可能表现为衰退式顺差（即进口收缩幅度大于出口，顺差扩大），也可能出现顺差收窄的情况，这需要视国内经济政策对总需求的拉动效果而定。总之，产业链向外转移和实行进口替代都需要时间，"十四五"期间中国经常账户应能继续维持顺差，但顺差可能将趋于收窄。

资本账户持续净流出

若将国际收支平衡表上净误差与遗漏项计为本国资本流出，中国近年来跨境资本流动存在持续净流出的态势①，近三年中国非政府部门资本净流出的规模约为每年 1000 亿美元。

如表 6-2 所示，2017—2019 年非政府部门本国资本以年平均 4916 亿美元的规模持续流出，比 2016 年的峰值收窄 45.7%，外国资本以年平均 3938 亿美元的规模持续流入，比 2016 年扩大 51.7%，这表明"宽进严出"的管制措施在平衡双向资本流动上取得了一定的政策效果。但从《国际收支平衡表》的净误差与遗漏项来看，2019 年全年误差接近 2000 亿美元，并未较 2015—2017 年有明显改善，并且误差项与货物贸易总额之比为 5.3%，已超出 IMF 设定的合理范围（5%），这表明依然存在系统性的未纳入统计的资本流出。

表 6-2 中国非政府部门跨境资本流动估算 单位：亿美元

年份	外国资本净流入	本国资本净流出	净值	NEO	本国资本净流出（修正）[1]	净值（修正）[2]
2012	2670	-3030	-360	-871	-3901	-1231
2013	5633	-2203	3430	-629	-2832	2801
2014	4115	-4629	-514	-669	-5298	-1183
2015	-1010	-3335	-4345	-2130	-5465	-6475
2016	2596	-6756	-4161	-2295	-9051	-6456
2017	4419	-3324	1095	-2130	-5454	-1035
2018	4838	-3532	1306	-1602	-5134	-296
2019	2558	-2180	378	-1981	-4161	-1603

注：①根据国际收支恒等式，$CA = -KA = \Delta R - NFI = \Delta R - (FI_{inward} - FI_{outward})$，其中 CA 为经常账户余额，KA 为资本和金融账户余额；ΔR 为官方储备资产变动，这里同国际收支平衡表中的记账处理不同，储备资产增加为"＋"，减少为"－"；NFI 为非政府部门资本净流入，FI_{inward} 为资本流入，$FI_{outward}$ 为资本流出，则 $FI_{outward} = CA + FI_{inward} - \Delta R$。②净值为等式中的 NFI，即非政府部门资本净流入，此处非政府部门指企业与居民部门。

资料来源：国家外汇管理局，作者估算。

---

① 需要说明的是，这里的资本流出并非指资本物理上流出国境，而是资本的所有权在居民和非居民之间发生了转换。

经误差项调整后，2015—2016 年每年的净流出规模约为 6500 亿美元，而 2017—2018 年虽仍为净流出，但分别收窄至 1035 亿美元和 296 亿美元，可以说中国的跨境资本流动已经逐步恢复平衡。然而受中美贸易摩擦的影响，2019 年全年净流出为 1603 亿美元，有再次扩大的趋势。

2020 年前三季度，在疫情冲击之下国内外利差扩大，外国证券投资资本流入显著增加，人民币汇率也随之升值，甚至引发了国内关于"人民币进入升值周期"的讨论，但事实上中国资本流出的形势却正在变得更为严峻。

根据外汇管理局公布的最新数据，2020 年前三季度中国的经常账户顺差为 1707 亿美元，官方储备资产却仅增加了 34 亿美元，这表明中国非政府部门的资本净流出有所扩大。由于前三季度国际资产价格有涨有落，若假定其总体保持稳定，并将美元指数贬值约 3% 造成的储备资产增值因素考虑进来，可大致推算出中国非政府部门资本净流出约为 2160 亿美元，这已经超过了 2019 年全年的水平。由于外国资本流入（特别是证券投资）较 2019 年同期有所上升，则本国资本流出和外商撤资应为主要驱动因素，这将在 2020 年的《国际投资头寸表》中得到印证。

疫情冲击过后，若全球经济能够稳步复苏，美联储和其他主要经济体的央行将会逐步推进货币政策正常化，中国的货币政策也将逐步收紧，届时当前的短期资本流入和汇率升值态势可能会出现逆转，有触发金融风险的可能，需密切关注跨境资本流动和对外资产负债表的动态发展。

对外投资收益率下降

中国对外投资净收益除 2007—2008 年为正以外，其余各年均为负，2018 年、2019 年分别为 -850 亿美元和 -372 亿美元，是经常账户中的一个重要逆差项。中国对外部门长期存在资产端收益低、负债端成本高的问题，同时由于非政府部门逐渐成为中国对外资产的持有主体，而"宽进严出"的管制政策限制了其发展和活力，副作用之一便是中国对外投资收益率的下降。

如图6-5所示，2005年以来中国对外直接投资收益和外国对华直接投资收益均显著增长，但近两年开始转为下降。一方面，中国对外投资收益由2005年的359亿美元上升至2017年的高点2652亿美元，年平均增长率为18.1%。2018—2019年下降至2198亿美元，降幅为17.1%。另一方面，外国在华投资收益由2005年的536亿美元上升至2018年的3118亿美元，年平均增长率为13.9%，在2019年也出现了下降，降至2570亿美元，降幅为17.6%。

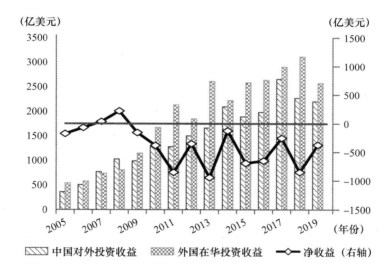

图6-5 中国对外投资收益与外国在华投资收益（2005—2019年）

资料来源：国家外汇管理局。

当前中国政府部门持有的资产主要为外汇储备、货币黄金和主权基金，分别占89.2%、2.7%和7.5%。外汇储备的投资对象主要为安全性高、流动性好但收益率低的外国长期国债，其中约有1/3为美国国债。如图6-6所示，近15年来，主要经济体国债收益率总体上均呈下降趋势，这主导了中国政府部门对外投资收益率的走势。而随着外储多元化的发展，美元资产占比逐步下降，这也使得中国的外储收益率由2007年的高点3.7%降至2019年的1.0%，近年来与美国国债收益率的差距还有扩大之势。不难理解，尽管2019年中国对外资产为负债的1.38倍，净资产也上升至2.1万亿美元，但净收益却依然为负。

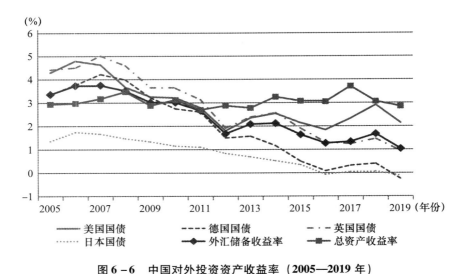

图 6 - 6　中国对外投资资产收益率（2005—2019 年）

注：①总资产收益率＝中国对外投资总收益/对外总资产×100%。②各国国债收益率来自 OECD 数据库中的长期国债收益率。

资料来源：国家外汇管理局，OECD，作者估算。

中国的主权基金对外投资表现良好，但由于占比不高，故对总资产收益率的贡献仍然较小。如表 6 - 3 所示，中国主权基金的资产规模实现了快速增长。总资产规模由 2007 年年初的 2000 亿美元上升至 2019 年的 10457 亿美元，年平均增长率为 14.8%。但是，国内资产增值部分依然贡献了绝大部分的增长。国内资产规模由 2007 年的 1000 亿美元上升至 2019 年的 7854 亿美元，年平均增长率为 18.7%，占比约为3/4。与此同时，国外资产由 1300 亿美元上升至 2603 亿美元，年平均增长率为 8.3%，占比由 1/2 下降至不到 1/4。其对外投资的累计年化净收益率为 6.1%，显著高于总资产收益率，不过易受国际资产价格变动的影响，表现并不稳定。其中，2008 年、2011 年、2015 年、2018 年收益率为负，而 2017 年、2019 年收益率则超过 17%。

总体来看，中国对外投资总资产收益率常年在 3% 上下波动。2017 年曾升至 3.7%，但这一势头没有能够持续，2018 年便回落至 3.0%，2019 年进一步下滑至 2.85%，与当年外国在华投资总资产收益率相比低了约 175 个基点。

表 6 – 3 中国主权基金的资产结构和收益率

年份	总资产（亿美元）	增长率（%）	国外资产（亿美元）	国内资产（亿美元）	国外资产（%）				
					现金	股票	固定收益	另类资产	年收益率
2007	2000	——	1000	1000	——	——	——	——	——
2008	2975	48.77	979	1996	87.4	3.2	9	0.4	–2.1
2009	3324	11.71	1094	2230	32.0	36.0	26.0	6.0	11.7
2010	4096	23.22	1221	2874	4.0	48.0	27.0	21.0	11.7
2011[1]	4822	17.72	1469	3353	11.0	31.0	21.0	37.0	–4.3
2012	5750	19.25	1625	4125	3.8	32.4	19.1	44.7	10.6
2013	6527	13.52	1776	4751	2.6	40.4	17.0	40.0	9.3
2014	7467	14.40	1873	5594	3.6	44.1	14.6	37.7	5.5
2015	8138	8.98	1818	6320	3.3	47.5	14.4	34.8	–3.0
2016	8135	–0.03	1931	6204	1.9	45.9	15.0	37.2	6.2
2017	9414	15.72	2271	7143	1.2	43.6	15.9	39.3	17.6
2018	9406	–0.08	2217	7189	2.4	38.3	15.2	44.1	–2.4
2019	10457	11.17	2603	7854	1.2	38.9	17.7	42.2	17.4

注：2011 年成立中投国际公司，专门从事境外投资和管理业务，同年增资约 300 亿美元，使得当年国外资产规模上升，但实际该年境外投资收益率为 –4.3%。

资料来源：中国投资公司（CIC）年报。

而分部门来看，可划分为政府部门和非政府部门。政府部门投资收益由外汇储备投资收益和主权基金投资收益两部分构成，非政府部门投资收益为总对外投资收益与政府部门投资收益之差。在计算部门对外投资收益和收益率时，本书所基于的假定参见《中国国家资产负债表2018》（以下简称 2018 版），估算结果表明，随着中国对外资产持有主体结构的变化，非政府部门对外投资收益已经成为主要的收益来源，收益率也显著高于政府部门。

如图 6 – 7 所示，中国非政府部门对外投资收益总体呈连年上升的态势，但近两年有所下降。非政府部门的投资收益由 2005 年的约 84 亿美元增加至 2017 年的高点约 1892 亿美元，年平均增长率高达 29.6% 。
与此同时，政府部门对外投资收益则从 2005 年的 275 亿美元增加至
2010 年的高点约 980 亿美元，随后开始波动下降至 2019 年的 708 亿美
元，由此中国政府部门投资收益占比由 73.3% 逐渐下降至 31.3%，收
益占比的降幅远大于资产规模占比的降幅。

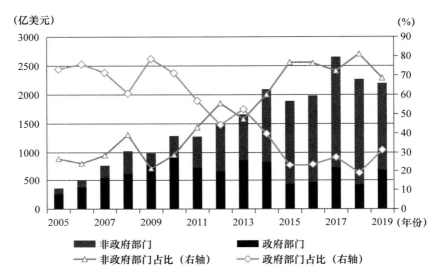

图 6 - 7　政府和非政府部门对外投资收益（2005—2019 年）

资料来源：作者估算。

如图 6 - 8 所示，自 2010 年以来中国非政府部门对外投资收益率便
一直显著高于政府部门，平均约高出 277 个基点，但非政府部门收益率
自 2015 重启资本流出管制以后便呈下降趋势①。2019 年非政府部门投
资收益率为 4.22%，比政府部门高出 328 个基点，与同期外国在华投
资收益率（4.6%）的差距已经显著缩小。投资收益率与外国在华投资
收益率的趋同，表明非政府部门对外投资正在走向成熟，但是作为现行
微观监管的主要对象，非政府部门对外投资的发展受到了一定制约。

随着中国老龄化社会的加速到来，储蓄率的下降将难以避免，因此

---

①　这里对政府部门的收益率可能有所低估。因为外汇储备中配置了一定比例的证券资
产，但因数据的不可获得性，在本书的估算中，这部分资产的收益率以美国国债收益率计。

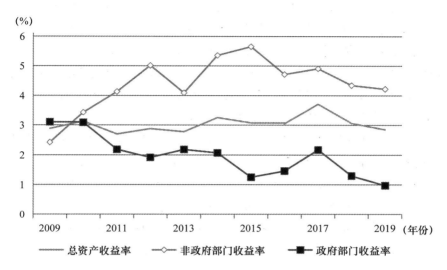

图6-8 政府部门和非政府部门对外投资收益率（2009—2019年）

资料来源：国家外汇管理局，美国财政部，OECD，作者估算。

中国的经常账户在远期存在转负的可能，届时将需要依靠对外投资收益和资本账户流入来维持国际收支的平衡，我们从日本的发展历程中也可以看到这一趋势。由于非政府部门是中国对外投资收益的主要来源，也是扭转对外投资收益长年逆差的发展方向，因此持续限制非政府部门的对外投资在远期将对保持中国国际收支的动态平衡十分不利，需要视情况变化予以适时调整。

外储充足性持续下降

一国应保有与其经济规模和特征相适应的外汇储备，以防范、调和金融风险和外部冲击，稳定国际金融市场对本国偿债能力和对本币汇率的信心。中国自2016年出现一定规模的资本外流以来，尽管外汇储备的总体规模变动不大，也仍然处于安全区间，但外储充足性在持续下降，这是近三年执行"宽进严出"的非平衡资本账户管制政策的结果，其发展趋势值得持续关注。

依据国际货币基金组织的"外汇储备充足性"标准，考察外储充足性涉及四个核心指标（见表6-4），分别为：（1）满足偿还30%的短期外债需求。由于近年来中国外债持续上升，这一项对外储规模的要求也在上升。2020 年第三季度末，中国全口径外债余额接近 2.2 万亿美元，其中短期外债约为 1.2 万亿美元；从币种看，62% 为外币外债，38% 为本币外债。尽管风险较大的为短期外币外债，但人民币外债同样有可能消耗外储①，因此需要的外储约为 3510 亿美元。（2）新兴市场国家需要满足 20% 其他资产组合负债流出的需求。对中国来说，其他资产组合负债主要指股票负债。2020 年第二、第三季度境外投资者持有中国股票总额持续上升，截至第三季度末存量为 4039 亿美元，较 2019 年年底增加了 1026 亿美元，故需要外储也相应增加至 808 亿美元。（3）满足 5%—10% 的国内居民资产流出需求。目前较为通行的是以广义货币 M2 来衡量国内居民资产的规模，而这一项也是在持续上升的。2020 年第三季度末，中国广义货币 M2 约为 31.8 万亿美元，较 2019 年年底增加 3.3 万亿美元。但由于中国存在较为严格的资本管制，只需要满足 5% 的流出需求或更少，需要外储达到 1.6 万亿美元。（4）满足 3 个月的进口需求②。2020 年受新冠肺炎疫情影响，中国的进口规模出现一定程度的萎缩，第三季度货物与服务贸易进口总额为 6250 亿美元，约需要外储 6250 亿美元以满足贸易的支付需求。

表 6 - 4　　　　中国外储充足性的估计（2020 年第三季度）

2020 年第三季度		无资本管制				有资本管制			
		固定汇率（1）		浮动汇率（2）		固定汇率（3）		浮动汇率（4）	
	（亿美元）	%	（亿美元）	%	（亿美元）	%	（亿美元）	%	（亿美元）
短期外债	11700	30	3510	30	3510	30	3510	30	3510
其他负债	4039	20	808	15	606	20	808	20	808

---

①　由于人民币尚不是可自由兑换的货币，并且海外人民币资产池仍缺乏深度和广度，一旦出现人民币贬值预期，境外投资人可能会向海外清算行要求兑换美元或其他外币。此时，海外清算行若不向央行购汇则自身会承担较大的汇率风险，而一旦向央行购汇便会消耗中国的外汇储备。

②　由于中国是新兴市场国家，但不是大宗商品出口国，外汇储备需要满足 3 个月的进口需求。若为新兴市场国家，且为大宗商品出口国，则外汇储备需要超过年出口额的 10%。

续表

2020 年 第三季度	无资本管制				有资本管制			
	固定汇率 （1）		浮动汇率 （2）		固定汇率 （3）		浮动汇率 （4）	
（亿美元）	%	（亿美元）	%	（亿美元）	%	（亿美元）	%	（亿美元）
居民资产 317776	10	31778	5	15889	5	15889	2.5	7944
进口 6250		6250		6250		6250		6250
储备资产安全值（亿美元）		42345		26255		26457		18512
安全值/当期储备（％）		129		80		81		56

资料来源：国家外汇管理局、中国人民银行和作者估算。

截至 2020 年第三季度末，中国的官方储备资产为 32812 亿美元，其中外汇储备为 31425 亿美元。在这里需要注意的是对储备资产的定义，并非一国外汇储备中的所有资产在面临危机时都具备流动性，同时也还可能有其他资产和信用能够被用于应对国际收支危机。不过就中国的情况来说，外汇储备的流动性较好，而且官方储备资产中的货币黄金和特别提款权等也可用于应对外部冲击，因此我们采用比外汇储备更广义的官方储备资产来衡量中国外储规模的安全性。

在无资本管制、固定汇率的条件下，中国需要约 4.2 万亿美元的储备，已经超出目前的储备水平 29 个百分点。而在较为严格的资本管制、固定汇率条件下，只需要约 2.6 万亿美元的储备，约为当期储备水平的 80％，可以说是基本无虞。若实行浮动汇率制度，则安全阈值进一步下降至约 1.9 万亿美元，目前的储备规模将更显充足。

从趋势看，中国的外储充足性（即安全阈值与当期外储的比率）在 2009 年时情况最为良好，随后便持续下滑，特别是 2015—2018 年降幅十分显著。如图 6－9 所示，同资本流出最为严重的 2016 年相比，2019 年无资本管制条件下的外储充足性下降了 23 个百分点，而在有资本管制条件下的外储充足性也下降了 17 个百分点，而在疫情冲击下，2020 年前三个季度二者又继续分别下降了 8 个和 4 个百分点。

因此，仅从外储安全性的角度来看，最安全的政策组合是有资本管制与浮动汇率的组合，因其对外汇储备规模的要求最低。许多发达国家亦采

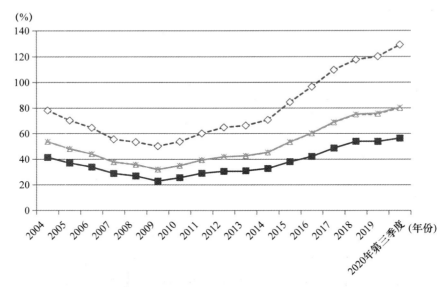

图 6 - 9　中国外储充足性变动趋势（2004—2020 年）

注：外储充足性：即在四种政策组合条件下，外汇储备的安全阈值与当期外储规模之比。数值越大则安全性越低，数值 > 100% 时为存在风险。

资料来源：国家外汇管理局，中国人民银行和作者估算。

用此政策组合，如德国、日本、韩国等。中国当前采用的政策近似于政策组合 3（有资本管制 + 固定汇率），这与政策组合 2（无资本管制 + 浮动汇率）对外储规模的要求相差无几，但无论是从资源配置效率来看，还是从对经济扭曲来看，做均有较为明显的缺陷，应适时做出调整。

对外债务风险可控

根据国家外汇管理局公布的全口径外债表和《2019 年中国国际收支报告》①，2019 年年底中国外债（含人民币外债）余额为 20573 亿美

---

① 全口径外债统计的外债金额显著低于《国际投资头寸表》中的对外负债，估计主要是因为全口径外债中不包含直接投资和证券投资中的"股权"投资。

元，较 2018 年增长 3.8%。目前中国外债余额居世界第 13 位，美国、日本的外债规模分别约为中国外债规模的 10 倍和 2 倍，因此从绝对值来看，中国的外债规模并不算大。如图 6-10 所示，从期限结构来看，中国外债一直是以短期外债为主。2019 年年底短期外债余额为 11467 亿美元，占比下降至 55%，中长期外债余额为 7239 亿美元，占比上升至 45%。

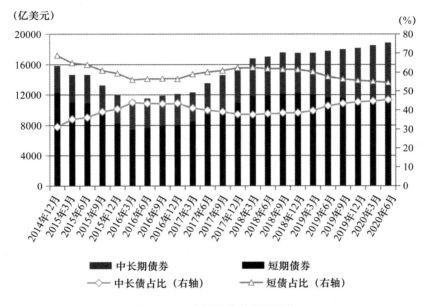

图 6-10　中国外债的期限结构

注：中国外债的期限结构按签约期限进行划分，一年期及以下的为短期外债，一年期以上的为中长期外债。

资料来源：国家外汇管理局。

从债务工具来看，主要包括贷款、货币与存款、贸易信贷与预付款、债券证券和直接投资公司间贷款 5 种。2019 年年底贷款余额为4556 亿美元，占比约为 22%；货币与存款余额为 4224 亿美元，较 2016年年底增加 1112 亿美元，占比约为 20%；贸易信贷与预付款余额为3643 亿美元，占比约为 18%；债务证券余额为 5293 亿美元，较 2016年年底增加 2992 亿美元，占比升至 25.5%，这一大幅上升与中国推动开放债券市场密不可分；直接投资公司间贷款余额为 2398 亿美元，与 2016 年年底相比仅增加了 304 亿美元，占比也降至 12%。

对外部门的债务风险主要包括三种风险：期限错配、货币错配和资本结构错配风险。期限错配风险主要指对外部门的资金来源和运用在期限上不匹配，从而存在因缺乏流动性导致债务违约的风险。目前中国面对的期限错配风险较低。2019 年年底中国短期外债为 12053 亿美元，中长期外债为 8520 亿美元，短期外债占比约为 59%，短期外债与外汇储备之比为 38.8%，比 2016 年年底上升了 10 个百分点，但与国际警戒线 100% 仍有较大距离。

货币错配风险主要是指由于货物和资本流动采用不同货币计价，使得一国资产和负债、进出口贸易的收入和支出易受汇率变动的影响，出现支付困难的可能。在由美元和欧元主导的国际货币体系中，除美国和欧元区国家以外，所有国家都面临着货币错配的风险。

由于中国外债和外储规模较大，面临的货币错配风险正在逐渐升高。根据外汇管理局的数据，近年来中国外债规模持续上升，2019 年年底中国外债余额为 20573 亿美元，外币外债占比约为 65%，约为 13294 亿美元。在外币外债中，美元债务占 83%，约为 11034 亿美元；欧元债务占 8%，约为 1064 亿美元；日元债务占 2%，约为 266 亿美元；此外还有港币债务 5%。若沿用 2018 版对中国外汇储备币种构成的估计①，则 2019 年年底中国拥有美元储备约为 10743 万亿美元，欧元储备约合 5057 亿美元，日元储备约合 1123 亿美元，存在美元资产不足的可能性。考虑到未来中美关系依然趋紧的态势，可能会面临美元资产获取难度上升的境况，故应对外债的动态变化高度关注和保持警惕，并对外储的币种结构进行相应地调整，以降低货币错配风险。

资本结构错配风险主要是指权益实体过分依赖负债融资，而资本金或所有者权益在融资中的比例过低而带来的风险。中国长期以来以直接投资为主要融资方式，而不是发展中国家常见的负债融资。因此，"十四五"期间中国的资本结构错配风险仍较低。但是在平衡双向资本流

---

① 2015—2016 年中国外汇储备的平均构成约为美元资产（47.8%）、欧元资产（22.5%）、英镑资产（13.8%）、日元资产（5%）和其他货币资产（10.9%）。

动等一系列因素的考量下，中国正在逐步开放国内的金融市场，这使得近年来流入中国的证券投资规模快速上升，若干年后可能会造成中国的资本结构错配风险。

此外，国际通用的衡量外债风险的主要指标有三个——负债率、债务率和偿债率。中国这三个指标均低于国际警戒线。根据外管局公布的数据，2019 年年底中国负债率为 14.3%，债务率为 77.8%，偿债率为6.7%，各指标均在国际公认的安全线（分别为 25%、100%、25%）以下。但也应注意到，各项指标均较 2016 年年底有所上升（分别为 13%、65%、6%），其中债务率上升较为显著，为 1995 年以来最高水平。

总而言之，目前中国外债风险总体可控。未来中国企业的海外融资可能会受到更多限制，而有序开放国内金融市场不仅有助于引入国际资本、平衡跨境资本流动，还有利于促进金融业生产率的提升，应予以这一发展方向政策支持和鼓励。毕竟衡量一国经济表现最适合的尺度还是生产力，只要外债规模的增长与生产力的提升能够相匹配，便是可持续的，风险也是可控的。不过，在此过程中也应继续加强对企业和金融机构的对外债务，特别是短期外债和外币外债的统计和风险监控。

6.3　稳定外循环与完善国际收支管理

新冠肺炎疫情过后美国可能回归多边主义路线，联合盟友对华施压，不排除重新考虑加入跨太平洋伙伴关系协定（CPTPP）以平衡中国在亚太地区的影响力，届时将对中国参与全球治理、发挥区域影响力、实现更高水平和更深层次对外开放的能力提出挑战。基于当前面临的国际国内政治经济新形势，有关部门应管理好金融开放的节奏，稳定外循环以更好地服务于国内宏观经济和金融稳定的大局，健全跨境资本流动宏观审慎和微观监管两位一体的管理框架，并稳慎推进人民币国际化。

逆全球化：发起冲锋的灰犀牛

20 世纪 80 年代以来的经济全球化部分得益于自由主义原则在世界范围内被广泛接受，这也使得以体系为中心的新现实主义在社会思潮中逐渐占了上风，但历史告诉我们，全球化不是必然的、不可逆的历史潮流，国际政治经济学界也一直不乏对全球化的深刻反思。当今世界正处于一场深刻的变革之中。过去5年来，英国脱欧、特朗普当选、法国黄马甲等一系列事件，标志着许多国家在向以国家为中心的现实主义回归，这些无一不在向全球化的未来发出警告，而疫情在全球的蔓延更是促使逆全球化这只灰犀牛发起了最后的冲锋。

早在2014年，Golding便预言了下一场经济危机将以全球疫情的方式引发，他认为这是全球化发展到今天所带来的系统复杂性和连接即时性的不可避免的结果。他指出尽管全球化给一些国家和地区带来了经济繁荣和生活水平的提高，但各国政府低估了与全球化相伴相生的系统性风险，对全球化给社会、经济、环境造成的不良后果管控不足[①]。Stiglitz尽管是坚定的全球化支持者，他也承认全球化加剧了不平等，没有为大多数国家的穷人服务，没有为环境服务，更没有为全球经济稳定服务，而所谓的贸易创造就业机会更是一个善意的谎言，发达国家制造业岗位的流失很可能是永久性的，政府主导的制造业回迁更可能是基于新技术和机器人的使用，这就决定了其创造的就业机会将十分有限[②]。

当全球性危机发生时，仅治疗病症而鲜少触及病因也是多国政府所罹患的流行病。当新冠肺炎疫情危机来袭，早已祭出零利率乃至负利率的多国央行已是捉襟见肘，货币政策的政策空间和政策效果均不及国际金融危机时期。与此同时，赤字率高企的各国政府也将面临囊中羞涩的难题，而良好的财政状况是政府应对各类危机最重要的基础。此次疫情，美国医护中心、养老院等机构的高死亡率，背后的深层原因之一便是政府提供的财政支持不足，未能及早推广检测、提供足够的抗疫物资和增加对医护人员的支持。而2020年第二季度欧元区财政赤字率已升至11.6%，预计2020年全年美国、英国的财政赤字率都将高达15%，可以预见后续的财政救助和经济刺激计划的空间都将十分有限。

随着病毒的自然演化、疫苗和治疗药物的研发取得新进展，疫情终

---

① Ian Golding and Mike Mariathasan, *The Butterfly Defect：How Globalization Creates Systemic Risks and What to Do about It*, Princeton University Press, 2014.

② Joseph E. Stiglitz, *Globalization and Its Discontents Revisited：Anti-Globalization in the Era of Trump*, New York：W. W. Norton & Company, 2018.

会平息，但它留给我们的除了全球性的经济衰退、各国政府财政状况的恶化，以及高企的宏观杠杆率外，还有许多深远的影响。

首先，疫情令各国深刻认识到全球供应链的脆弱性，在一定时期内可能会助长全球化逆潮。此次疫情传播的广度甚于以往，全球主要经济体无一幸免，而当前的全球化深度也甚于以往，国际分工已经深入到产品内分工的层面。全球化的蓬勃发展导致供应链集中分布在少数低成本的国家，及时交货和严控库存的管理模式盛行，而这些做法的弊端在这场全球化的疫情中被充分暴露。因此，此次疫情给全球经济造成的冲击甚于过去的历次危机，而疫情过后各国政府和企业都会更加注重产业和供应链安全，并推动战略性产业和供应链的本土化、区域化，这将会使全球化出现一定程度的倒退。

其次，这次疫情将深刻改变企业的组织和生产方式，从而型塑各行业的未来和各国的经济复苏的步伐。可以预见的是，计算机和互联网将在全社会得到更广泛深入地应用，这对 ICT 行业、电子商务、物流业将产生正面影响，而远程办公、网络会议带来的成本削减和碳排放下降的优势会导致对商务旅行和办公场所的需求永久性的下降，进而对交通、传统能源和商业地产业产生负面影响，等等。各国的经济复苏前景也会受此影响，更有灵活性和适应性的经济体将会较快回到经济增长的轨道上来。

最后，此次疫情或将深刻改变世界政治经济格局。由于各国面对疫情采取了不同抗疫措施和经济政策，以及疫情对不同族群和社会阶层造成的不平衡冲击，在全社会范围引发了激烈的争论和严重的社会撕裂，这些价值观和意识形态层面的分歧在美国总统大选前后达到高潮，在疫情过后也将深刻影响各国的对外政策。吉尔平曾指出尽管跨国公司、国际组织在国际事务中扮演着越来越重要的角色，但是国家才是决定性力量和首要行为者，国家安全永远是国家主要关心的问题，并强调权力、国家政治利益和国家间竞争在一体化进程中的重要性[①]。美国政府会否继续采取这一以国家为中心的现实主义的立场，将决定中美关系的未来

---

① 罗伯特·吉尔平：《全球政治经济学：解读国际经济秩序》，上海人民出版社 2006 年版。

走向①。而疫情在多国引发的不满情绪倘若最终使得中国和西方在政治、经济、外交等方面陷入僵局，那么全球化将难以避免地进一步退向区域主义和双边主义，这也将是此次疫情对世界政治经济格局造成的最为深远的影响。

　　然而，我们依然有理由对全球化保持乐观。疫情期间中美之间的贸易规模不仅没有萎缩，反而有所回升。中国海关数据显示，2020 年 1—10 月中国对美进口、出口分别增长了 5.2% 和 3.6%。而疫情对全球消费者的消费方式和消费结构的影响，更多的是来自封锁式的抗疫政策和收入下降，这些影响在疫情消退后可能会逐步消失。此外，数字经济在全世界范围蓬勃且深入的发展也很可能在疫情后成为加速全球化进程的推进器。

稳定外循环积极应对全球化逆潮

　　未来中国面临的外部环境将更加复杂严峻，美中之间将由合作走向多领域的全面竞争，国际地缘政治不稳定因素较多，各国经济政策的不确定性也在上升。面对这一新形势，中国应积极稳定外循环，继续坚持走多边主义路线，推动自贸区建设与发展，形成国内国际双循环相互促进的发展格局，为国民经济发展提供有力支撑。

　　一是要坚持多边主义路线，承担大国责任，推动全球治理的改善。全球化是过去数十年间世界经济持续增长的重要驱动力，全球化的失败并非不可避免，应对来自全球化带来的风险和避免逆全球化的关键在于各国的国内经济政策和国际合作与协调。改善全球治理需依托国际组织进行，需在推动国际组织改革的基础上，倡议建立机制对全球化受损方的利益进行适当补偿，采取切实措施降低收入不平等，让全球化带来的利益能够在国家间和各国内部被更平衡地分享。

　　二是积极推进区域贸易协定的谈判和签署，充分发挥自贸区在促进内外循环中的连接作用。虽然 2020 年 11 月签署的区域全面经济伙伴关系协定（RCEP）从各方面来看标准都不算高，离正式生效也还有 1—2

---

　　①　这一主义的主要倡导者有修昔底德（Thucydides）、马基雅维利（Machiavelli）、摩根索等人，也是特朗普政府"美国优先"的外交政策的基础。

年的时间，但作为亚太地区规模最大的自贸区，对稳定中国的外循环和供应链安全、加速国内产业升级等方面都有十分积极的意义。在国内层面，随着北京、湖南和安徽自贸区的成立，中国已经在 21 个省（直辖市）开设了自贸试验区。未来可发挥各自贸区作为制度型开放试验田的优势，推动服务业开放和贸易与投融资的便利化，同时结合各自贸区的优势特点对接国家发展战略，创新跨区域产业合作，使其成为国际国内双循环的重要连接节点。

完善宏观审慎和微观监管的管理框架

2016 年中国建立了全口径跨境融资宏观审慎管理框架，取消了外债的事前审批，极大地便利了境内机构跨境融资。为更好地服务于开放经济的发展，同时有效防止跨境资本流动冲击导致系统性金融风险，需要进一步完善当前的微观监管与宏观审慎"两位一体"的管理框架，从根本上加强管理波动的能力。

第一，加强宏观审慎管理，对跨境资本流动进行逆周期调节。2020年 3 月欧美疫情高峰期间，中国人民银行将全口径跨境融资的宏观审慎调节参数由 1 上调到 1.25，为外贸领域的中小企业增加了几百亿美元的对外融资空间，是运用全口径跨境融资宏观审慎管理进行逆周期调节的一次精准施策。未来可进一步丰富政策工具箱，防范以加杠杆为主要特征的顺周期行为和货币错配风险。

第二，健全微观监管"三支柱"的管理框架。将真实性审核、行为监管、微观审慎监管三支柱有机结合，协调统一，研究运用金融科技提高监管效能，在确保现有外汇管理政策有效落地执行的同时，尽可能减少市场扭曲和效率损失。

第三，完善针对跨境资本流动的统计体系。借鉴国际经验和标准，协调不同机构的统计标准和口径，着力加强对高风险业务和具有系统重要性的跨境投融资机构的统计监测，并借助信息化手段实现对高频、即时的资本流动大数据的收集整理，为风险预警和科学决策提供充分完备的信息基础。

第四，跨境资本流动管理需要配合其他改革措施协调推进。当前采取的资本管制措施不应成为常态化措施，而是在为构建开放、安全的金融体系争取时间，不能替代必要的改革和调整，如人民币汇率制度改革。

稳慎推进人民币国际化

在现阶段讨论人民币国际化，要解决的仍然是三个基本问题：一是货币价值在国际上获得广泛信任，二是能够向国际金融市场提供足够的供给，三是有充分的金融中介和配套金融基础设施保障交易的便利性。简言之，人民币在国际金融市场上要可信任、可获得和可交易。这不仅要求中国对内继续推进货币政策转型、提高央行独立性、推进人民币汇率制度改革，还要求对外建立人民币国际金融基础设施，为人民币的跨境循环建立一整套符合国际规范的金融骨干网络。

第一，加快建设人民币跨境结算金融基础设施，为区域贸易和进一步金融开放奠定基础。包括进一步推进债券市场的互联互通，逐步放开对境内外市场价格联动和套利交易的限制，为人民币计价的国际级地区性债券提供发行、托管和结算服务，消除人民币资产的抵押、回购交易的机制障碍等。

第二，抓住人民币升值的窗口期，提升汇率的市场化定价程度，增加人民币汇率弹性。近期"逆周期因子"的淡出使用和远期售汇风险准备金率的下调，在一定程度上使得政策回归中性，为汇率形成机制改革提供了一个窗口期。不过，推进人民币汇率制度改革还需要与国内的货币政策转型进程相配合，中国不完善的金融市场和非市场化的利率机制决定了汇率制度改革不可能一蹴而就，而是一个渐进的过程，需要对此过程保持耐心。

第三，继续完善外汇市场对冲机制，同时加强风险控制管理。运行良好的外汇市场能够有效传递汇率信号，促进外汇优化配置，为市场主体提供丰富的避险工具，有助于形成合理、均衡的汇率水平。一方面，应继续着力推进外汇市场基础设施建设，更好地满足微观主体多样化的外汇风险对冲的交易需求；另一方面，应吸取中行"原油宝"事件的经验教训，高度重视外汇市场的风险管理，特别是加强对兼具创新性和复杂性的金融衍生品交易的风险管控，提升市场异常波动下的应急处置能力。

附录一

中国国土资源价值估算更新

关于国土资源价值估算，此处继续沿用《中国国家资产负债表2018》的估算方法，即将土地资源的当年总价值理解为未来一定时期（25年）从该资源中获取的净产出折现值之和（折现率4%）。其中，净产出仍以国家统计局公布的"农林牧渔业总产值"乘以40%租金率计算。但需要指出的是，在《中国统计年鉴2020》中，对GDP和"农林牧渔业总产值"的历史数据（2007年及此后）进行了调整。在数值上，同一年份后者较此前的统计有所缩小。附表1-1估算也体现了相应变化。

附表1-1   中国国土资源价值估算

年份	国土资源价值（亿元，当年价）	国土资源/GDP（%）
2000	159362	158.9
2001	167446	151.0
2002	175192	143.9
2003	189910	138.2
2004	231786	143.2
2005	252329	134.7
2006	261027	119.0
2007	311178	115.2
2008	367265	115.0
2009	379357	108.8
2010	433415	105.2
2011	504244	103.3
2012	552247	102.5
2013	595942	100.5

续表

年份	国土资源价值（亿元，当年价）	国土资源/GDP（%）
2014	625676	97.2
2015	651714	94.6
2016	681041	91.2
2017	699289	84.0
2018	726458	79.0
2019	792903	80.0

资料来源：《中国统计年鉴2020》。

由附表1-1可见，尽管国土资源价值从2000年的15.9万亿元升至2019年的79.3万亿元（当年价），但在同期，其与GDP的比率则由158.9%降至80.0%。说明作为自然资本重要构成的国土资源在国民财富和经济增长中的作用有持续下降的趋势，而这一现象也同更为广泛的国际经验发现基本一致[1]。需要指出的是，这一趋势显然同农业产出在国民经济中的比重下降有关，但由于"土地"的价值与其用途高度相关（如农用地和城市建设用地），所以上述数字需要审慎看待，特别是不能据此简单得出土地不再重要的结论。此外，按照中国现行法律规定，土地或归国家所有，或归集体所有，但农村居民又以承包的形式，通过土地在未来较长时期（如30年）内获得收益流。因此，类似前述的公租房归属问题，从经济学意义上看，土地似乎也部分地成为了农村居民的一项资产。实际上，皮凯蒂等[2]即按此逻辑，对中国土地资产进行了某种"公—私"划分。但后者主要凭借假设得出，并无严谨的法理依据或经济理论支撑。本书对此不妨存而不论，而仅提供相关估算。此外，读者还可参阅课题组此前的研究[3]。

---

[1] World Bank, *The Changing Wealth of Nations* 2018: *Building a Sustainable Future*, Washington D. C. : World Bank, 2018；李扬、张晓晶、常欣等：《中国国家资产负债表2018》，中国社会科学出版社2018年版。

[2] Piketty, T., Yang, L., and Zucman, G., "Capital Accumulation, Private Property and Rising Inequality in China", *American Economic Review*, Vol. 109, No. 7, 2019, pp. 2469 –2496.

[3] 李扬、张晓晶、常欣、汤铎铎、李成：《中国主权资产负债表及其风险评估》（上）（下），《经济研究》2012年第6、第7期。

附录二

中国国家资产负债表（2000—2019 年）

附表 2-1　中国国家资产负债表（2000—2019 年）

单位：亿元

2019	居民部门 资产	居民部门 负债	非金融企业 资产	非金融企业 负债	金融部门 资产	金融部门 负债	政府部门 资产	政府部门 负债	国内合计 资产	国内合计 负债	国外部门 资产	国外部门 负债	合计 资产	合计 负债
一、非金融资产	2499331		3419501		34210		665987		6619029				6619029	
1. 固定资产	2499331		1751211		15928		209337		4475807				4475807	
2. 存货			1193439				9335		1202774				1202774	
3. 其他非金融资产			474852		18282		447314		940448				940448	
二、金融资产与负债	3250274	623383	972658	4392160	4372078	4406288	1341939	379577	9936949	9801407	394252	529793	10331200	10331200
1. 通货	63840		6663		6970	82859	1568		79041	82859	3818		82859	82859
2. 存款	1120669		621147		198935	2280398	339179		2279931	2280398	29771	29303	2309702	2309702
3. 贷款	14204	623383		1180596	1821952			1889	1836156	1805868	57843	88131	1893999	1893999
4. 未贴现银行承兑汇票			33299	33299					33299	33299			33299	33299
5. 保险	129690		55582			185271			185272	185271	944	945	186216	186216
6. 金融机构往来					119597	119597			119597	119597			119597	119597
7. 准备金					235863	235863			235863	235863			235863	235863
8. 债券	27336		14512	234654	827160	281419	8578	377688	877586	893762	35264	19089	912851	912851
9. 股票及股权	1702111		61154	2692202	333067	287758	850000		2946331	2979960	60429	26801	3006760	3006760
10. 证券投资基金份额	192424		33415		488365	810749	96545		810749	810749			810749	810749
11. 中央银行贷款					122372	122372			122372	122372			122372	122372
12. 其他				46068		0	46068		46068	46068			46068	46068
13. 直接投资			146886	205340					146886	205340	205340	146886	352226	352226
14. 国际储备资产					217797				217797		842	218639	218639	218639
资产净值		5126222						1628349		6754570		-135541		6619029
资产、负债与资产净值总计	5749605	5749605	4392160	4392160	4406288	4406288	2007926	2007926	16555978	16555978	394252	394252	16950230	16950230

续表

2018	居民部门 资产	居民部门 负债	非金融企业 资产	非金融企业 负债	金融部门 资产	金融部门 负债	政府部门 资产	政府部门 负债	国内合计 资产	国内合计 负债	国外部门 资产	国外部门 负债	合计 资产	合计 负债
一、非金融资产	2255874		3028057		32273		617272		5933477				5933477	
1. 固定资产	2255874		1534702		14960		181203		3986739				3986739	
2. 存货			1090571				8004		1098575				1098575	
3. 其他非金融资产			402785		17314		428064		848163				848163	
二、金融资产与负债	2857852	546240	919910	3947967	4128014	4160287	1223092	332666	9128868	8987160	364733	506442	9493601	9493601
1. 通货	60593		6400		7040	79146	1488		75521	79146	3624		79146	79146
2. 存款	1002773		589105		184311	2108958	326319		2102508	2108958	33278	26828	2135786	2135786
3. 贷款	17440	546240		1099706	1665869			3151	1683309	1649097	55773	89985	1739082	1739082
4. 未贴现银行承兑汇票			38056	38056					38056	38056			38056	38056
5. 保险	114862		49206			164088			164068	164088	754	733	164822	164822
6. 金融机构往来					113852	113852			113852	113852			113852	113852
7. 准备金					241240	241240			241240	241240			241240	241240
8. 债券	26289		13463	207017	732152	255588	7528	329515	779432	792119	28382	15694	807814	807814
9. 股票及股权	1457187		51842	2369157	327231	254143	759000		2595260	2623301	47107	19067	2642367	2642367
10. 证券投资基金份额	178708		35351		523649	827085	89378		827085	827085			827085	827085
11. 中央银行贷款					116188	116188			116188	116188			116188	116188
12. 其他				39379			39379	0	39379	39379			39379	39379
13. 直接投资	136487		136487	194652					136487	194652	194652	136487	331139	331139
14. 国际储备资产					216484				216484	0	1165	217648	217648	217648
资产净值		4567486		0		0		1507699		6075185		−141709		5933477
资产、负债与资产净值总计	5113726	5113726	3947967	3947967	4160287	4160287	1840364	1840364	15062345	15062345	364733	364733	15427078	15427078

续表

2017	居民部门 资产	居民部门 负债	非金融企业 资产	非金融企业 负债	金融部门 资产	金融部门 负债	政府部门 资产	政府部门 负债	国内合计 资产	国内合计 负债	国外部门 资产	国外部门 负债	合计 资产	合计 负债
一、非金融资产	1899169		2729633		30447		545916		5205165				5205165	
1. 固定资产	1899169		1367949		14046		157571		3438735				3438735	
2. 存货			1000262				6373		1006635				1006635	
3. 其他非金融资产			361422		16400		381972		759794				759794	
二、金融资产与负债	2576731	470417	1098081	3827714	3997211	4027658	1092542	299051	8764566	8624840	335136	474862	9099701	9099701
1. 通货	58495		6222		7426	77074	1437		73580	77074	3493		77074	77074
2. 存款	925304		571641	1037697	168351	1975834	305564		1970860	1975834	28784	23809	1999643	1999643
3. 贷款	20217	470417		44386	1519444			3536	1539661	1511650	49091	77102	1588752	1588752
4. 未贴现银行承兑汇票			44386						44386	44386			44386	44386
5. 保险	104444		44769			149206			149214	149206	657	664	149870	149870
6. 金融机构往来					132021	132021			132021	132021			132021	132021
7. 准备金					254699	254699			254699	254699			254699	254699
8. 债券	25242		12413	188467	643164	226377	6479	281833	687298	696677	22225	12846	709523	709523
9. 股票及股权	1271107		261397	2352396	356055	231449	665000		2553559	2583845	50270	19984	2603829	2603829
10. 证券投资基金份额	171921		37960		587449	872678	75349		872678	872678			872678	872678
11. 中央银行贷款					108319	108319			108319	108319			108319	108319
12. 其他				25032		0	38714	13682	38714	38714			38714	38714
13. 直接投资	119292		119292	179736					119292	179736	179736	119292	299027	299027
14. 国际储备资产					220284				220284	0	880	221164	221164	221164
资产净值		4005483						1339407		5344890		-139726		5205165
资产、负债与资产净值总计	4475900	4475900	3827714	3827714	4027658	4027658	1638458	1638458	13969730	13969730	335136	335136	14304866	14304866

续表

2016	居民部门 资产	居民部门 负债	非金融企业 资产	非金融企业 负债	金融部门 资产	金融部门 负债	政府部门 资产	政府部门 负债	国内合计 资产	国内合计 负债	国外部门 资产	国外部门 负债	合计 资产	合计 负债
一、非金融资产	1771943		2356965		28723		455962		4613593				4613593	
1. 固定资产	1771943		1154782		13185		143410		3083320				3083320	
2. 存货			895288				6005		901293				901293	
3. 其他非金融资产			306894		15539		306547		628980				628980	
二、金融资产与负债	2277661	390333	1160320	3517285	3685085	3713809	900029	272516	8023096	7893942	325688	454842	8348784	8348784
1. 通货	56409		6011		7578	74884	1390		71389	74884	3495		74884	74884
2. 存款	883250		530895		152016	1832665	271064		1837226	1832665	21836	26397	1859062	1859062
3. 贷款	16068	390333		945855	1362728			3536	1378796	1339724	42336	81408	1421132	1421132
4. 未贴现银行承兑汇票			39000	39000					39000	39000			39000	39000
5. 保险	93737		40412			133911			134149	133911	610	849	134759	134759
6. 金融机构往来					150096	150096			150096	150096			150096	150096
7. 准备金					246352	246352			246352	246352			246352	246352
8. 债券	24599		7226	179200	565334	201636	5108	225981	602268	606817	14939	10389	617206	617206
9. 股票及股权	1062137		410760	2160153	348853	206968	519238		2340988	2367120	41005	14873	2381994	2381994
10. 证券投资基金份额	141460		34885		534383	776153	65425		776153	776153			776153	776153
11. 中央银行贷款					91144	91144			91144	91144			91144	91144
12. 其他	0			-5194		0	37805	42999	37805	37805			37805	37805
13. 直接投资	91129	198272	91129	198272					91129	198272	198272	91129	289401	289401
14. 国际储备资产					226601				226601	0	3195	229796	229796	229796
资产净值		3659272		0		0		1083475		4742747		-129154	4613593	
资产、负债与资产净值总计	4049604	4049604	3517285	3517285	3713809	3713809	1355991	1355991	12636689	12636689	325688	325688	12962377	12962377

续表

2015	居民部门		非金融企业		金融部门		政府部门		国内合计		国外部门		合计	
	资产	负债	资产	负债	资产	负债	资产	负债	资产	负债	资产	负债	资产	负债
一、非金融资产	1552614		2121946		27097		439661		4141318				4141318	
1. 固定资产	1552614		1034072		12372		129418		2728476				2728476	
2. 存货			832486				6383		838869				838869	
3. 其他非金融资产			255387		14726		303860		573973				573973	
二、金融资产与负债	2039579	316471	1089159	3211104	3101747	3128844	816380	254179	7046865	6910599	291966	428232	7338831	7338831
1. 通货	51892		5848		7667	69886	1288		66696	69886	3190		69886	69886
2. 存款	766904		455209		151011	1613531	242546		1615669	1613531	21064	23202	1636733	1636733
3. 贷款	13293	316471		856029	1186548			3536	1199842	1176036	38776	62582	1238618	1238618
4. 未贴现银行承兑汇票			58542	58542					58542	58542			58542	58542
5. 保险	78257		34045			111795			112302	111795	602	1108	112903	112903
6. 金融机构往来					136210	136210			136210	136210			136210	136210
7. 准备金					215487	215487			215487	215487			215487	215487
8. 债券	24358		6195	146258	424345	166233	4685	154871	459583	467362	14182	6403	473765	473765
9. 股票及股权	983856		432700	2034994	300496	181871	471765		2188817	2216865	38496	10448	2227313	2227313
10. 证券投资基金份额	121019		25959		394604	600475	58893		600475	600475			600475	600475
11. 中央银行贷款	0				33355	33355			33355	33355			33355	33355
12. 其他				-58569		0	37203	95772	37203	37203			37203	37203
13. 直接投资	70660		70660	173849					70660	173849	173849	70660	244509	244509
14. 国际储备资产					252023				252023	0	1807	253831	253831	253831
资产净值		3275722		0		0		1001862		4277584		-136266		4141318
资产、负债与资产净值总计	3592193	3592193	3211104	3211104	3128844	3128844	1256041	1256041	11188182	11188182	291966	291966	11480149	11480149

续表

2014	居民部门 资产	居民部门 负债	非金融企业 资产	非金融企业 负债	金融部门 资产	金融部门 负债	政府部门 资产	政府部门 负债	国内合计 资产	国内合计 负债	国外部门 资产	国外部门 负债	合计 资产	合计 负债
一、非金融资产	1372163		1870014		25564		466407		3734148				3734148	
1. 固定资产	1372163		903952		11605		115526		2403245				2403245	
2. 存货			783671				5182		788852				788852	
3. 其他非金融资产			182392		13959		345699		542050				542050	
二、金融资产与负债	1843654	267489	858578	2728593	2555127	2580691	697930	249985	5955290	5826758	299078	427610	6254368	6254368
1. 通货	49791		5582		7536	67151	1229		64139	67151	3013		67151	67151
2. 存款	644837		400420		107385	1378542	222362		1375004	1378542	30805	27267	1405809	1405809
3. 贷款	10456	267489		761209	1017867			3536	1028324	1032234	55502	51592	1083826	1083826
4. 未贴现银行承兑汇票			68711	68711					68711	68711			68711	68711
5. 保险	65320		27994			93314			93314	93314	0	0	93314	93314
6. 金融机构往来					116134	116134			116134	116134			116134	116134
7. 准备金					228155	228155			228155	228155			228155	228155
8. 债券	19420		2666	116913	325546	129683	3822	107535	351454	354131	8875	6199	360329	360329
9. 股票及股权	982526		284148	1756371	190844	144896	413743		1871260	1901268	39886	9878	1911146	1911146
10. 证券投资基金份额	71303		15005		252025	389969	51635		389969	389969			389969	389969
11. 中央银行贷款					32846	32846			32846	32846			32846	32846
12. 其他	0			-133775		0	5139	138915	5139	5139			5139	5139
13. 直接投资	54051		54051	159164					54051	159164	159164	54051	213215	213215
14. 国际储备资产					276789				276789	0	1834	278623	278623	278623
资产净值		2948328		0		0		914352		3862679		-128532	3734148	
资产、负债与资产净值总计	3215817	3215817	2728593	2728593	2580691	2580691	1164337	1164337	9689437	9689437	299078	299078	9988515	9988515

续表

（单位略）

2013	居民部门		非金融企业		金融部门		政府部门		国内合计		国外部门		合计	
	资产	负债	资产	负债	资产	负债	资产	负债	资产	负债	资产	负债	资产	负债
一、非金融资产	1288490		1615670		24117		519715		3447991				3447991	3447991
1.固定资产	1288490		774885		10881		93714		2167970				2167970	2167970
2.存货			691631				3709		695339				695339	695339
3.其他非金融资产			149155		13235		422292		584682				584682	584682
二、金融资产与负债	1624553	228795	698949	2314618	2149962	2174079	603398	212196	5076863	4929688	247499	394674	5324361	5324361
1.通货	48659		5433		6782	64981	1195		62069	64981	2912		64981	64981
2.存款	562243		380070		69506	1201018	190740		1202758	1201018	21198	22938	1223957	1223957
3.贷款	8459	228795		668774	880901			3579	889360	901148	55083	43295	944443	944443
4.未贴现银行承兑汇票			69971	69971					69971	69971			69971	69971
5.保险	53811		23062			76873			76873	76873	0	0	76873	76873
6.金融机构往来					115696	115696			115696	115696			115696	115696
7.准备金					206699	206699			206699	206699			206699	206699
8.债券	18196		5720	92936	276256	113973	3413	95659	303585	302568	5435	6452	309020	309020
9.股票及股权	885593		166305	1447385	146646	117238	357234		1555778	1564623	18204	9360	1573982	1573982
10.证券投资基金份额	47393		7993		155249	255519	44884		255519	255519			255519	255519
11.中央银行贷款					22080	22080			22080	22080			22080	22080
12.其他	0			-107025		0	5932	112958	5932	5932			5932	5932
13.直接投资			40395	142578					40395	142578	142578	40395	182973	182973
14.国际储备资产					270145				270145	0	2088	272234	272234	272234
资产净值		2684249		0		0		910918		3595166		-147175	3447991	
资产、负债与资产净值总计	2913043	2913043	2314618	2314618	2174079	2174079	1123113	1123113	8524854	8524854	247499	247499	8772353	8772353

续表

2012	居民部门 资产	居民部门 负债	非金融企业 资产	非金融企业 负债	金融部门 资产	金融部门 负债	政府部门 资产	政府部门 负债	国内合计 资产	国内合计 负债	国外部门 资产	国外部门 负债	合计 资产	合计 负债
一、非金融资产	1149695		1299755		22751		424919		2897120				2897120	
1. 固定资产	1149695		669883		10199		70602		1900378				1900378	
2. 存货			555518				2611		558129				558129	
3. 其他非金融资产			74354		12553		351707		438613				438613	
二、金融资产与负债	1307802	183913	676261	1976016	1845906	1868658	513902	174160	4343871	4202746	212232	353356	4556102	4556102
1. 通货	45409		5112		6331	60646	1117		57969	60646	2677		60646	60646
2. 存款	477464		345124		58182	1028911	157321		1038091	1028911	15388	24569	1053479	1053479
3. 贷款	5977	183913		575955	754735			3550	760713	763419	41483	38777	802196	802196
4. 未贴现银行承兑汇票			62141	62141					62141	62141	0	0	62141	62141
5. 保险	46334		19857			66191			66191	66191			66191	66191
6. 金融机构往来					113454	113454			113454	113454			113454	113454
7. 准备金					192495	192495			192495	192495			192495	192495
8. 债券	14079		1162	74827	248437	105027	2854	84378	266531	264233	4669	6968	271200	271200
9. 股票及股权	679541		203727	1213408	113839	101236	309233		1306339	1314644	16472	8166	1322811	1322811
10. 证券投资基金份额	38998		5679		91716	173933	37540		173933	173933			173933	173933
11. 中央银行贷款	0				26765	26765			26765	26765			26765	26765
12. 其他				-80394		0	5838	86232	5838	5838	130079	33459	5838	5838
13. 直接投资	33459		33459	130079					33459	130079	130079	33459	163538	163538
14. 国际储备资产					239953				239953	0	1464	241417	241417	241417
资产净值		2273583		0		0		764662		3038245		-141124		2897120
资产、负债与资产净值总计	2457497	2457497	1976016	1976016	1868658	1868658	938821	938821	7240991	7240991	212232	212232	7453223	7453223

续表

2011	居民部门		非金融企业		金融部门		政府部门		国内合计		国外部门		合计	
	资产	负债	资产	负债	资产	负债	资产	负债	资产	负债	资产	负债	资产	负债
一、非金融资产	1044417		1105805		21464		417846		2589533				2589533	
1. 固定资产	1044417		566519		9555		66042		1686533				1686533	
2. 存货			455587				2191		457778				457778	
3. 其他非金融资产			83699		11909		349613		445222				445222	
二、金融资产与负债	1126427	152698	586442	1692247	1553570	1575034	439398	154425	3705836	3574404	196549	327982	3902386	3902386
1. 通货	42164		4790		5415	55850	1039		53408	55850	2442		55850	55850
2. 存款	396062		313981		42330	885184	135753		888125	885184	15677	18618	903802	903802
3. 贷款	3928	152698		492497	637150			3568	641078	648764	39335	31649	680413	680413
4. 未贴现银行承兑汇票			51484	51484					51484	51484			51484	51484
5. 保险	37887		16237			54124			54124	54124			54124	54124
6. 金融机构往来					94963	94963			94963	94963			94963	94963
7. 准备金					168811	168811			168811	168811			168811	168811
8. 债券	11450		83	51819	219415	97734	2455	78729	233402	228282	2346	7466	235748	235748
9. 股票及股权	607234		169121	1043133	77965	84660	265564		1119884	1127794	13380	5469	1133263	1133263
10. 证券投资基金份额	27703		3865		51406	112791	29818		112791	112791			112791	112791
11. 中央银行贷款					20917	20917			20917	20917			20917	20917
12. 其他	0			-67358		0	4770	72128	4770	4770			4770	4770
13. 直接投资			26881	120671					26881	120671	120671	26881	147552	147552
14. 国际储备资产					235199				235199	0	2699	237898	237898	237898
资产净值		2018146		0		0		702819		2720965		-131433		2589533
资产、负债与资产净值总计	2170844	2170844	1692247	1692247	1575034	1575034	857244	857244	6295369	6295369	196549	196549	6491918	6491918

续表

2010	居民部门 资产	居民部门 负债	非金融企业 资产	非金融企业 负债	金融部门 资产	金融部门 负债	政府部门 资产	政府部门 负债	国内合计 资产	国内合计 负债	国外部门 资产	国外部门 负债	合计 资产	合计 负债
一、非金融资产	871851		858595		20249		350201		2100896				2100896	
1. 固定资产	871851		454947		8947		59421		1395166				1395166	
2. 存货			339199				1566		340765				340765	
3. 其他非金融资产			64450		11301		289213		364965				364965	
二、金融资产与负债	919139	125748	720048	1578643	1289043	1309292	346884	135653	3275115	3149336	162998	288777	3438113	3438113
1. 通货	37203		4277		4179	48646	916		46574	48646	2072		48646	48646
2. 存款	342981		314111		12905	758959	91630		761627	758959	10977	13645	772604	772604
3. 贷款	1975	125748		438276	555501			1877	557476	565901	29936	21512	587413	587413
4. 未贴现银行承兑汇票			41253	41253					41253	41253			41253	41253
5. 保险	31803		13630			45433			45433	45433	0	0	45433	45433
6. 金融机构往来					87098	87098			87098	87098			87098	87098
7. 准备金					133659	133659			133659	133659			133659	133659
8. 债券	12244		169	38047	206733	99379	2554	72543	221699	209969	1181	12911	222880	222880
9. 股票及股权	464020		323032	975795	22967	69305	225561		1035580	1045100	13710	4191	1049290	1049290
10. 证券投资基金份额	28913		2477		30466	83294	21438		83294	83294			83294	83294
11. 中央银行贷款					20837	20837			20837	20837			20837	20837
12. 其他	0			-19130		-37317	4786	61233	4786	4786			4786	4786
13. 直接投资			21099	104402					21099	104402	104402	21099	125501	125501
14. 国际储备资产					214700				214700	0	720	215420	215420	215420
资产净值		1665242		0		0		561432		2226675		-125779		2100896
资产、负债与资产净值总计	1790990	1790990	1578643	1578643	1309292	1309292	697085	697085	5376010	5376010	162998	162998	5539009	5539009

续表

2009	居民部门 资产	居民部门 负债	非金融企业 资产	非金融企业 负债	金融部门 资产	金融部门 负债	政府部门 资产	政府部门 负债	国内合计 资产	国内合计 负债	国外部门 资产	国外部门 负债	合计 资产	合计 负债
一、非金融资产	791505		680823		19103		198989		1690420				1690420	
1. 固定资产	791505		374538		8374		53635		1228052				1228052	
2. 存货			245996				1376		247371				247371	
3. 其他非金融资产			60290		10728		143979		214997				214997	
二、金融资产与负债	753341	91543	602529	1283353	1095379	1114482	266461	117978	2717710	2607356	133791	244145	2851501	2851501
1. 通货	31762		3817		3510	41556	786		39875	41556	1681		41556	41556
2. 存款	290974		231678		15111	587186	51971		589734	587186	6397	8945	596131	596131
3. 贷款	0	91543		378584	466113			1683	466113	471810	22208	16512	488322	488322
4. 未贴现银行承兑汇票			17517	17517					17517	17517			17517	17517
5. 保险	25600		10971			36571			36571	36571	0	0	36571	36571
6. 金融机构往来					71072	71072			71072	71072			71072	71072
7. 准备金					102040	102040			102040	102040			102040	102040
8. 债券	12131		0	26737	194269	106557	2221	63517	208622	196811	1039	12850	209661	209661
9. 股票及股权	363643		320085	848253	20879	53557	188997		893603	901810	11933	3726	905536	905536
10. 证券投资基金份额	29231		1681		19077	67699	17710		67699	67699			67699	67699
11. 中央银行贷款					18736	18736			18736	18736			18736	18736
12. 其他	0			−77510		29508	4776	52778	4776	4776			4776	4776
13. 直接投资			16780	89771					16780	89771	89771	16780	106551	106551
14. 国际储备资产					184571				184571	0	762	185333	185333	185333
资产净值		1453302		0				347472		1800774		−110354		1690420
资产、负债与资产净值 总计	1544846	1544846	1283353	1283353	1114482	1114482	465450	465450	4408130	4408130	133791	133791	4541921	4541921

续表

2008	居民部门 资产	居民部门 负债	非金融企业 资产	非金融企业 负债	金融部门 资产	金融部门 负债	政府部门 资产	政府部门 负债	国内合计 资产	国内合计 负债	国外部门 资产	国外部门 负债	合计 资产	合计 负债
一、非金融资产	622183		584364		18021		194493		1419060				1419060	
1. 固定资产	622183		322553		7834		48195		1000765				1000765	
2. 存货			206819				989		207809				207809	
3. 其他非金融资产			54991		10188		145308		210487				210487	
二、金融资产与负债	652127	63568	369099	953462	876733	894754	222845	89653	2120804	2001437	98492	217858	2219295	2219295
1. 通货	28404		3471		3098	37116	705		35678	37116	1438		37116	37116
2. 存款	238155		167707		8808	450493	40003		454673	450493	6283	10463	460956	460956
3. 贷款	0	63568		286863	350960				350960	352007	15915	14868	366875	366875
4. 未贴现银行承兑汇票			12833	12833				1576	12833	12833			12833	12833
5. 保险	21054		9023			30077			30077	30077	0	0	30077	30077
6. 金融机构往来					55802	55802			55802	55802			55802	55802
7. 准备金					91822	91822			91822	91822			91822	91822
8. 债券	11385		164	14359	155374	85018	1874	54783	168796	154160	1178	15814	169975	169975
9. 股票及股权	332304		162295	638750	18981	45081	161414		674994	683831	10300	1464	685294	685294
10. 证券投资基金份额	20826		900		9749	45568	14094		45568	45568			45568	45568
11. 中央银行贷款					20329	20329			20329	20329			20329	20329
12. 其他	0			-61986		33449	4756	33294	4756	4756			4756	4756
13. 直接投资	12706		12706	62644					12706	62644	62644	12706	75350	75350
14. 国际储备资产					161811				161811	0	733	162544	162544	162544
资产净值		1210742		0				327685		1538427		-119367		1419060
资产、负债与资产净值总计	1274310	1274310	953462	953462	894754	894754	417338	417338	3539864	3539864	98492	98492	3638356	3638356

续表

2007	居民部门		非金融企业		金融部门		政府部门		国内合计		国外部门		合计	
	资产	负债	资产	负债	资产	负债	资产	负债	资产	负债	资产	负债	资产	负债
一、非金融资产	605464		466992		17001		188320		1277777				1277777	
1. 固定资产	605464		266200		7324		43576		922563				922563	
2. 存货			163274				765		164039				164039	
3. 其他非金融资产			37518		9678		143979		191175				191175	
二、金融资产与负债	522346	56247	550105	1017096	731390	748391	189606	81300	1993446	1903035	89180	179591	2082626	2082626
1. 通货	24991		3329		2797	32931	623		31739	32931	1191		32931	32931
2. 存款	189979	56247	147957		14149	384411	36665		388750	384411	5827	10165	394576	394576
3. 贷款	0			244304	297976			904	297976	301454	18567	15088	316542	316542
4. 未贴现银行承兑汇票			11752	11752					11752	11752			11752	11752
5. 保险	18272		7831			26104			26104	26104	0	0	26104	26104
6. 金融机构往来					44043	44043			44043	44043			44043	44043
7. 准备金					68228	68228			68228	68228			68228	68228
8. 债券	11998		77	8035	137676	72198	1766	53061	151518	133294	1299	19522	152817	152817
9. 股票及股权	243218		369954	736867	17255	36864	135246		765673	773731	9505	1447	775178	775178
10. 证券投资基金份额	33888		662		4488	49588	10550		49588	49588			49588	49588
11. 中央银行贷款					20899	20899			20899	20899			20899	20899
12. 其他	0			-35705		13125	4756	27335	4756	4756			4756	4756
13. 直接投资	8543		8543	51843		51843			8543	51843	51843	8543	60387	60387
14. 国际储备资产					123878				123878	0	947	124825	124825	124825
资产净值		1071563		0		0		296625		1368188		-90412		1277777
资产、负债与资产净值总计	1127810	1127810	1017096	1017096	748391	748391	377925	377925	3271223	3271223	89180	89180	3360403	3360403

续表

2006	居民部门 资产	居民部门 负债	非金融企业 资产	非金融企业 负债	金融部门 资产	金融部门 负债	政府部门 资产	政府部门 负债	国内合计 资产	国内合计 负债	国外部门 资产	国外部门 负债	合计 资产	合计 负债
一、非金融资产	482591		385887		16039		163956		1048473				1048473	
1. 固定资产	482591		223357		6842		39121		751912				751912	
2. 存货			137287				37		137324				137324	
3. 其他非金融资产			25242		9196		124798		159237				159237	
二、金融资产与负债	418534	42817	297610	683497	572164	588202	135565	58675	1423873	1373192	81143	131825	1505016	1505016
1. 通货	22250		3073		2267	29139	556		28145	29139	993		29139	29139
2. 存款	177384		120630		5214	328098	25973		329200	328098	4653	5755	333853	333853
3. 贷款	0	42817		212197	251318			903	251318	255917	17059	12460	268376	268376
4. 未贴现银行承兑汇票			4930	4930					4930	4930	0	0	4930	4930
5. 保险	12431		5327			17758			17758	17758			17758	17758
6. 金融机构往来					28667	28667			28667	28667			28667	28667
7. 准备金					48400	48400			48400	48400			48400	48400
8. 债券	12234		77	5699	106072	57622	1127	36668	119510	99989	1112	20633	120622	120622
9. 股票及股权	185274		156185	434100	15687	27646	96381		453528	461746	8332	114	461860	461860
10. 证券投资基金份额	8961		297		1160	18115	7696		18115	18115			18115	18115
11. 中央银行贷款						28533			28533	28533			28533	28533
12. 其他	0			-21496	28533	4225	3833	21104	3833	3833			3833	3833
13. 直接投资			7091	48068					7091	48068	48068	7091	55159	55159
14. 国际储备资产					84846				84846	0	926	85773	85773	85773
资产净值		858308		0		0		240846		1099154		-50681		1048473
资产、负债与资产净值总计	901125	901125	683497	683497	588202	588202	299521	299521	2472346	2472346	81143	81143	2553489	2553489

续表

2005	居民部门 资产	居民部门 负债	非金融企业 资产	非金融企业 负债	金融部门 资产	金融部门 负债	政府部门 资产	政府部门 负债	国内合计 资产	国内合计 负债	国外部门 资产	国外部门 负债	合计 资产	合计 负债
一、非金融资产	432052		329570		15131		110206		886959				886959	
1. 固定资产	432052		195637		6389		34324		668402				668402	
2. 存货			113498				27		113525				113525	
3. 其他非金融资产			20436		8742		75854		105032				105032	
二、金融资产与负债	346910	35364	223829	553398	480450	495581	114391	51503	1165580	1135847	65245	94978	1230825	1230825
1. 通货	19726		2798		2023	25854	496		25043	25854	811		25854	25854
2. 存款	155722		102348		17326	293906	20048		295444	293906	3911	5450	299355	299355
3. 贷款	0	35364		185311	217006			797	217006	221472	15612	11146	232618	232618
4. 未贴现银行承兑汇票			3402	3402					3402	3402			3402	3402
5. 保险	9592		4111			13703			13703	13703	0	0	13703	13703
6. 金融机构往来					22963	22963			22963	22963			22963	22963
7. 准备金					38542	38542			38542	38542			38542	38542
8. 债券	11823		77	3378	78798	45307	719	34353	91418	83038	1048	9428	92466	92466
9. 股票及股权	144998		105671	332708	14261	21118	84164		349093	353826	5139	407	354233	354233
10. 证券投资基金份额	5049		214		849	11664	5552		11664	11664			11664	11664
11. 中央银行贷款					25985	25985			25985	25985			25985	25985
12. 其他	0			-9482		-3460	3411	16353	3411	3411			3411	3411
13. 直接投资	5208		5208	38082					5208	38082	38082	5208	43290	43290
14. 国际储备资产					62698				62698	0	642	63339	63339	63339
资产净值		743598		0		0		173094		916692		-29733		886959
资产、负债与资产净值总计	778962	778962	553398	553398	495581	495581	224596	224596	2052539	2052539	65245	65245	2117784	2117784

续表

2004	居民部门 资产	居民部门 负债	非金融企业 资产	非金融企业 负债	金融部门 资产	金融部门 负债	政府部门 资产	政府部门 负债	国内合计 资产	国内合计 负债	国外部门 资产	国外部门 负债	合计 资产	合计 负债
一、非金融资产	352137		280498		14275		108140		755049				755049	
1.固定资产	352137		176114		5960		30734		564945				564945	
2.存货			87555				27		87582				87582	
3.其他非金融资产			16829		8314		77379		102522				102522	
二、金融资产与负债	294247	31647	212219	492717	397936	412210	95569	44626	999971	981201	53584	72354	1053555	1053555
1.通货	17598		2567		1992	23259	444		22602	23259	657		23259	23259
2.存款	131989		90197		12299	247450	14389		248873	247450	3155	4579	252029	252029
3.贷款	0	31647		169490	196161			554	196161	201692	13984	8453	210146	210146
4.未贴现银行承兑汇票			3378	3378					3378	3378			3378	3378
5.保险	7468		3200			10668			10668	10668	0	0	10668	10668
6.金融机构往来					20749	20749			20749	20749			20749	20749
7.准备金					36063	36063			36063	36063			36063	36063
8.债券	12208		77	1475	51204	24699	459	31261	63948	57435	1103	7617	65051	65051
9.股票及股权	121483		108270	302344	12964	16611	73039		315756	318955	3583	383	319339	319339
10.证券投资基金份额	3502		167		679	8417	4069		8417	8417			8417	8417
11.中央银行贷款					19426	19426			19426	19426			19426	19426
12.其他	0			-14508		4867	3170	12811	3170	3170			3170	3170
13.直接投资			4362	30538					4362	30538	30538	4362	34900	34900
14.国际储备资产					46398				46398	0	562	46960	46960	46960
资产净值		614737		0		0		159083		773820		-18770		755049
资产、负债与资产净值总计	646384	646384	492717	492717	412210	412210	203709	203709	1755021	1755021	53584	53584	1808604	1808604

合计

续表

2003	居民部门 资产	居民部门 负债	非金融企业 资产	非金融企业 负债	金融部门 资产	金融部门 负债	政府部门 资产	政府部门 负债	国内合计 资产	国内合计 负债	国外部门 资产	国外部门 负债	合计 资产	合计 负债
一、非金融资产	285230		232818		13467		100947		632462				632462	
1. 固定资产	285230		147002		5556		27284		465072				465072	
2. 存货			72335				31		72366				72366	
3. 其他金融资产			13481		7910		73632		95024				95024	
二、金融资产与负债	230383	25250	176450	409268	320621	334088	87101	38065	814555	806670	49031	56916	863586	863586
1. 通货	16164		2412		1696	21240	410		20682	21240	558		21240	21240
2. 存款	108601		77385		12546	209519	11855		210387	209519	3419	4288	213806	213806
3. 贷款	0	25250		142642	164081			436	164081	168327	12821	8575	176902	176902
4. 未贴现银行承兑汇票			3672	3672					3672	3672			3672	3672
5. 保险	5747		2463			8211			8211	8211	0	0	8211	8211
6. 金融机构往来					18154	18154			18154	18154			18154	18154
7. 准备金					23079	23079			23079	23079			23079	23079
8. 债券	12414		77	1418	38604	14600	293	27650	51389	43668	855	8575	52243	52243
9. 股票及股权	85531		86319	242427	11786	13969	69229		252865	256397	3870	338	256735	256735
10. 证券投资基金份额	1924		124		571	4796	2176		4796	4796			4796	4796
11. 中央银行贷款					19445	19445			19445	19445			19445	19445
12. 其他	0			−7917		1076	3139	9980	3139	3139			3139	3139
13. 直接投资			3997	27026					3997	27026	27026	3997	31023	31023
14. 国际储备资产					30659				30659	0	483	31142	31142	31142
资产净值		490363		0		0		149983		640346		−7884		632462
资产、负债与资产净值总计	515613	515613	409268	409268	334088	334088	188048	188048	1447016	1447016	49031	49031	1496048	1496048

续表

2002	居民部门 资产	居民部门 负债	非金融企业 资产	非金融企业 负债	金融部门 资产	金融部门 负债	政府部门 资产	政府部门 负债	国内合计 资产	国内合计 负债	国外部门 资产	国外部门 负债	合计 资产	合计 负债
一、非金融资产	253920		195793		12704		72182		534600				534600	
1. 固定资产	253920		127178		5175		24086		410359				410359	
2. 存货			58129				18		58146				58146	
3. 其他非金融资产			10487		7529		48079		66095				66095	
二、金融资产与负债	186398	20366	160856	356650	266536	279240	79101	30475	692891	686731	41280	47441	734172	734172
1. 通货	14116		2190		1512	18589	360		18179	18589	410		18589	18589
2. 存款	91314		63793		10781	173573	8666		174554	173573	3066	4046	177619	177619
3. 贷款	0	20366		116793	136055			2301	136055	139461	11497	8092	147552	147552
4. 未贴现银行承兑汇票			1625	1625					1625	1625			1625	1625
5. 保险	4091		1753			5845			5845	5845	0	0	5845	5845
6. 金融机构往来					15445	15445			15445	15445			15445	15445
7. 准备金					19301	19301			19301	19301			19301	19301
8. 债券	11788		77	1251	29778	10896	187	22358	41830	34504	766	8092	42596	42596
9. 股票及股权	63723		87626	217196	10714	11085	65106		227170	228281	1368	257	228537	228537
10. 证券投资基金份额	1365		80		395	3431	1590		3431	3431			3431	3431
11. 中央银行贷款					19735	19735			19735	19735			19735	19735
12. 其他	0			-3965		1341	3192	5816	3192	3192	23750		3192	3192
13. 直接投资	3712		3712	23750					3712	23750	423	3712	27462	27462
14. 国际储备资产					22820				22820			23243	23243	23243
资产净值		419951		0		0		120809		540760		-6160		534600
资产、负债与资产净值总计	440318	440318	356650	356650	279240	279240	151284	151284	1227491	1227491	41280	41280	1268771	1268771

续表

2001	居民部门 资产	居民部门 负债	非金融企业 资产	非金融企业 负债	金融部门 资产	金融部门 负债	政府部门 资产	政府部门 负债	国内合计 资产	国内合计 负债	国外部门 资产	国外部门 负债	合计 资产	合计 负债
一、非金融资产	200773		174626		11985		55646		443030				443030	
1. 固定资产	200773		112038		4816		21165		338792				338792	
2. 存货			53415		7170		14		53428				53428	
3. 其他非金融资产			9173				34467		50810				50810	
二、金融资产与负债	164574	16804	150207	324833	229708	241694	68422	25125	612911	608455	38034	42489	650945	650945
1. 通货	12797		2047		1382	16870	329		16555	16870	315		16870	16870
2. 存款	77434		54630		10488	148020	6223		148774	148020	3047	3801	151821	151821
3. 贷款	0	16804		100199	115414			2234	115414	119237	11426	7602	126840	126840
4. 未贴现银行承兑汇票			1195	1195					1195	1195			1195	1195
5. 保险	2893		1240			4132			4132	4132	0		4132	4132
6. 金融机构往来					10933	10933			10933	10933		0	10933	10933
7. 准备金					17226	17226			17226	17226			17226	17226
8. 债券	10909		77	926	24152	8454	119	19037	35257	28416	762	7602	36019	36019
9. 股票及股权	59582		87647	204801	9740	10383	57437		214406	215184	1101	323	215507	215507
10. 证券投资基金份额	960		71		459	2712	1223		2712	2712			2712	2712
11. 中央银行贷款					20055	20055			20055	20055			20055	20055
12. 其他	0			-3672		2909	3091	3854	3091	3091			3091	3091
13. 直接投资			3300	21384					3300	21384	21384	3300	24684	24684
14. 国际储备资产					19860				19860	0	0	19860	19860	19860
资产净值		348543		0		0		98943		447486		-4455		443030
资产、负债与资产净值总计	365347	365347	324833	324833	241694	241694	124068	124068	1055941	1055941	38034	38034	1093975	1093975

续表

2000	居民部门 资产	居民部门 负债	非金融企业 资产	非金融企业 负债	金融部门 资产	金融部门 负债	政府部门 资产	政府部门 负债	国内合计 资产	国内合计 负债	国外部门 资产	国外部门 负债	合计 资产	合计 负债
一、非金融资产	182148		153055		11307		37076		383585				383585	
1. 固定资产	182148		97325		4476		17579		301529				301529	
2. 存货			47442				13		47455				47455	
3. 其他非金融资产			8288		6830		19484		34602				34602	
二、金融资产与负债	137820	14148	143940	296995	203871	215178	66312	20815	551943	547135	32644	37452	584587	584587
1. 通货	11923		1954		1489	15941	308		15674	15941	267		15941	15941
2. 存款	67209		46737		5870	124156	5732		125548	124156	2411	3803	127959	127959
3. 贷款	0	14148		88873	103697			2111	103697	105131	9042	7607	112738	112738
4. 未贴现银行承兑汇票			1072	1072					1072	1072	0	0	1072	1072
5. 保险	2126		911			3037			3037	3037			3037	3037
6. 金融机构往来					8958	8958			8958	8958			8958	8958
7. 准备金					15532	15532			15532	15532			15532	15532
8. 债券	10145		77	779	21169	7437	76	16248	31467	24464	603	7607	32070	32070
9. 股票及股权	45446		90497	192271	8855	9665	56140		200937	201936	1221	222	202158	202158
10. 证券投资基金份额	971		63		490	2464	941		2464	2464			2464	2464
11. 中央银行贷款					22230	22230			22230	22230			22230	22230
12. 其他	0			-5101		5759	3114	2456	3114	3114			3114	3114
13. 直接投资			2630	19101					2630	19101	19101	2630	21731	21731
14. 国际储备资产					15583				15583	0	0	15583	15583	15583
资产净值		305821		0		0		82573		388394		-4808		383585
资产、负债与资产净值总计	319968	319968	296995	296995	215178	215178	103387	103387	935529	935529	32644	32644	968172	968172

资料来源：国家资产负债表研究中心（CNBS）。

参 考 文 献

陈斌开、杨汝岱：《土地供给、住房价格与中国城镇居民储蓄》，《经济研究》2013 年第 1 期。

陈训波、周伟：《家庭财富与中国城镇居民消费：来自微观层面的证据》，《中国经济问题》2013 年第 2 期。

单豪杰：《中国资本存量 K 的再估算：1952—2006 年》，《数量经济技术经济研究》2008 年第 10 期。

邓达德、斯蒂芬·福斯特：《新国富论：撬动隐密的国家公共财富》，上海远东出版社 2016 年版。

甘犁、尹志超、谭继军：《中国家庭金融调查报告（2014）》，西南财经大学出版社 2015 年版。

韩文秀：《中国经济的存量与流量》，载吴敬琏、刘鹤、樊纲、易纲、吴晓灵、许善达、蔡昉主编《中国经济新常态与政策取向》，中国经济出版社 2015 年版。

胡李鹏、樊纲、徐建国：《中国基础设施存量的再测算》，《经济研究》2016 年第 8 期。

金戈：《中国基础设施与非基础设施资本存量及其产出弹性估算》，《经济研究》2016 年第 5 期。

李成、汤铎铎：《居民财富、金融监管与贸易摩擦——2018 年中国宏观经济中期报告》，《经济学动态》2018 年第 8 期。

李江一：《"房奴效应"导致居民消费低迷了吗?》，《经济学》（季刊）2017 年第 1 期。

李涛、陈斌开：《家庭固定资产、财富效应与居民消费：来自中国城镇家庭的经验证据》，《经济研究》2014 年第 3 期。

李雪松、黄彦彦：《房价上涨、多套房决策与中国城镇居民储蓄率》，《经济研究》2015 年第 9 期。

李扬、张晓晶、常欣、汤铎铎、李成：《中国主权资产负债表及其风险评估》（上）（下），《经济研究》2012 年第 6 期、第 7 期。

李扬、张晓晶、常欣等：《中国国家资产负债表 2013：理论、方法与风险评估》，中国社会科学出版社 2013 年版。

李扬、张晓晶、常欣等：《中国国家资产负债表 2015：杠杆调整与风险管理》，中国社会科学出版社 2015 年版。

李扬、张晓晶、常欣等：《中国国家资产负债表 2018》，中国社会科学出版社 2018 年版。

李育、刘凯：《房产财富与购房决策如何影响居民消费》，《人文杂志》2019 年第 6 期。

陆铭：《建设用地使用权跨区域再配置：中国经济增长的新动力》，《世界经济》2011 年第 1 期。

陆铭、向宽虎：《破解效率与平衡的冲突——论中国的区域发展战略》，《经济社会体制比较》2014 年第 4 期。

罗党论、佘国满：《地方官员变更与地方债发行》，《经济研究》2015 年第 6 期。

马骏、张晓蓉、李治国等：《中国国家资产负债表研究》，社会科学文献出版社 2012 年版。

裴育、徐炜锋：《中国家庭房产财富与家庭消费——基于 CFPS 数据的实证分析》，《审计与经济研究》2017 年第 4 期。

任泽平、熊柴、白学松：《2019 中国住房市值报告》，恒大研究院，2019 年。

王倩倩：《制度刚性、多元参与和连带责任：美国地方政府债务限额管理的经验与启示》，《财政科学》2020 年第 2 期。

王贤彬、黄亮雄：《官员更替、政策不确定性及其经济效应——中国情景 10 年研究回顾与展望》，《公共管理与政策评论》2020 年第 2 期。

王勇：《美国地方债特点与借鉴》，《财政研究》2015 年第 9 期。

习近平：《决胜全面建成小康社会　夺取新时代中国特色社会主义伟大胜利——在中国共产党第十九次全国代表大会上的报告》，人民出版社 2017 年版。

谢宇、张晓波、李建新、涂平、任强：《中国民生发展报告 2016》，北京大学出版社 2017 年版。

徐忠：《新时代背景下中国金融体系与国家治理体系现代化》，《经济研究》2018 年第 7 期。

许宪春：《中国国民经济核算中的若干重要指标与有关统计指标的比较》，《世界经济》2014 年第 3 期。

颜色、朱国钟：《房奴效应"还是"财富效应"？——房价上涨对国民消费影响的一个理论分析》，《管理世界》2013 年第 3 期。

杨业伟、许宪春：《中国城镇居民住房资产估算》，《财贸经济》2020 年第 10 期。

易纲：《再论中国金融资产结构及政策含义》，《经济研究》2020 年第 3 期。

殷勇：《做好基础设施领域 REITs 工作的几点思考》，《中国金融》2020 年第 23 期。

张大永、曹红：《家庭财富与消费：基于微观调查数据的分析》，《经济研究》2012 年第 1 期。

张军、吴桂英、张吉鹏：《中国省际物质资本存量估算：1952—2000》，《经济研究》2004 年第 10 期。

张晓晶、刘学良、王佳：《债务高企、风险集聚与体制变革：对发展型政府的反思与超越》，《经济研究》2019 年第 6 期。

赵振翔、王亚柯：《"房奴效应"存在吗？——购房行为对我国家庭消费和储蓄的影响研究》，《华中科技大学学报》（社会科学版）2019 年第 6 期。

中国社会科学院经济研究所《中国经济报告（2020）》总报告组：《全球经济大变局、中国潜在增长率与后疫情时期高质量发展》，《经济研究》2020 年第 8 期。

中国银保监会政策研究局统计信息与风险监测部课题组：《中国影子银行报告》，《金融监管研究》2020 年第 11 期。

朱发仓、祝欣茹：《中国基础设施资本存量净额与固定资本消耗估计研究》，《数量经济技术经济研究》2020 年第 6 期。

Aladangady, Aditya, "Housing Wealth and Consumption: Evidence from Geographically-linked Microdata", *American Economic Review*, Vol. 107, No. 11, 2017.

Alves, Miguel, Sagé De Clerck, and Juliana Gamboa-Arbelaez, "Public Sector Balance Sheet Database: Overview and Guide for Compilers and Users", IMF Working Paper, WP/20/130, 2020.

Aron, Janine, and Muellbauer, John, "Housing Wealth, Credit Conditions and Consumption", CSAE Working Paper Series 2006 – 08, Centre for the Study of African Economies, University of Oxford, 2006.

Arrow, K., Dasgupta, P., Goulder, L., Mumford, K., and Oleson, K., "Sustainability and the Measurement of Wealth", NBER Working Paper No. 16599, 2010.

Avdjiev, Stefan, Patrick McGuire, and Goetz von Peter, "International dimensions of EME corporate debt", *BIS Quarterly Review*, June, 2020.

Bai, Chong-En, Chang-Tai Hsieh, Zheng Michael Song, and Xin Wang, "Special Deals from Special Investors: The Rise of State-connected Private Owners in China", NBER Working Papers 28170, 2020.

Bond, C. A., Martin, T., McIntosh, S. H., and Mead, C. I., "Integrated Macroeconomic Accounts for the United States", *Survey of Current Business*, Vol. 87, No. 11, 2007.

Campbell, John Y., and Cocco, Joao F., "How do House Prices Affect Consumption? Evidence from Micro Data", *Journal of Monetary Economics*, Vol. 54, No. 3, 2007.

Carroll, C., Otsuka, M., and Slacalek, J., "How Large are Housing and Financial Wealth Effects? A New Approach", *Journal of Money, Credit, and Banking*, Vol. 43, No. 1, 2011.

Carroll, C., and Kimball, M., "Precautionary Saving and Precautionary Wealth", CFS Working Paper, No. 2006/02, Goethe University, 2006.

Case, Karl, Quigley, John, and Shiller, Robert, "Comparing Wealth Effects: The Stock Market Versus the Housing Market", *The B. E. Journal of Macroeconomics*, Vol. 5, No. 1, 2005.

Crouzet, Nicolas, and Neil R. Mehrotra, "Small and Large Firms over the Business Cycle", *American Economic Review*, Vol. 110, No. 11, 2020.

Espinoza, Raphael, Juliana Gamboa-Arbelaez, and Mouhamadou Sy, "The Fiscal Multiplier of Public Investment: The Role of Corporate Balance Sheet", IMF Working Paper, No. ex. 20/xx, 2020.

Gale, William G., and John Sabelhaus, "Perspective on the Household Savings Rate", *Brookings Papers on Economic Activity*, Vol. 30, No. 1, 1999.

Gan, Jie, "Housing Wealth and Consumption Growth: Evidence from a Large Panel of Households", *The Review of Financial Studies*, Vol. 23, No. 6, 2010.

Goldsmith, R. W., *Comparative National Balance Sheets, A Study of Twenty Countries, 1688 – 1978*, Chicago, London: University of Chicago University Press, 1985.

Goldsmith, R. W., Comments on Hyman P. Minsky, "The Financial Instability Hypothesis", In *Financial Crises, Theory, History and Policy*, ed. C. P. Kindleberger and J. P. Laffargue, Cambridge: Cambridge University Press, 1982.

Hillhouse, Albert Miller, *Municipal Bonds: A Century of Experience*, Prentice-Hall, Incorporated, 1936.

Li, Cheng, "China's Household Balance Sheet: Accounting Issues, Wealth Accumulation, and Risk Diagnosis", *China Economic Review*, No. 51, 2018.

Managi, Shunsuke and Pushpam Kumar, *Inclusive Wealth Report* 2018: *Measuring Progress towards Sustainability*, Routledge, New York, 2018.

Mian, Atif, Rao, K., and Sufi, A., "Household Balance Sheets, Consumption, and the Economic Slump", *Quarterly Journal of Economics*, Vol. 128, No. 4, 2013.

Modigliani, Franco, "The Life-Cycle Hypothesis of Saving and Intercountry Differences in the Saving Ratio", in *Induction, Growth, and Trade: Es-*

says in Honor of Sir Roy Harrod, ed. W. A. Elits, M. , F. Scott, and J. N. Wolfe, Oxford University Press, 1970.

Muelbauer, J. , and Murphy, A. , "Is the UK Balance of Payments Sustainable?", *Economic Policy* , Vol. 11 , No. 3 , 1990.

Piketty, T. , Yang, L. , and Zucman, G. , "Capital Accumulation, Private Property and Rising Inequality in China", *American Economic Review*, Vol. 109 , No. 7 , 2019.

Sheiner, Louise, "Housing Prices and the Savings of Renters", *Journal of Urban Economics*, Vol. 38 , No. 1 , 1995.

Wasshausen, David, "Sectoral Balance Sheets for Nonfinancial Assets", IMF/OECD "Conference on Strengthening Sectoral Position and Flow Data in the Macroeconomic Accounts" in Washington, DC. , 2011.

World Bank, *The Changing Wealth of Nations: Measuring Sustainable Development in the New Millennium*, Washington D. C. : World Bank, 2011.

World Bank, *The Changing Wealth of Nations 2018: Building a Sustainable Future*, Washington D. C. : World Bank, 2018.

后　记

　　本书是继《中国国家资产负债表》（2013，2015，2018）之后的第四本专著。自2011年开展国家资产负债表研究以来，于今已有十个年头。回顾这一历程，不禁感慨系之。

　　国家资产负债表编制刚起步时完全没有头绪，只能找相关文献，"照葫芦画瓢"。而且一开始编制出来的还不是标准的国家资产负债表：主权资产负债表只是一个简表，各部门资产负债表数据与加总的国家资产负债表数据还不能完全吻合。最后算出的结果心里也没底，还要借助理论逻辑来印证"大数"的可靠性。

　　编制过程中的争论更是不胜枚举。比如，外汇储备是不是政府的资产（事实上是政府发钞票"花钱"换来的）？养老金负债是否直接进入国家资产负债表？政府资产中是直接纳入国土资源价值还是仅包括国有建设用地价值？此外，如何在企业部门资产负债表中合理区分出国有与非国有的占比，也面临估算方法上的困难和争议。

　　随着研究的推进，特别是与同行的交流，大大增强了团队的自信。一方面，与国家统计局核算司、中国人民银行调统司等政府机构间的交流。官方估算数据以及相关方法的考量为我们的研究提供了有益的参考。另一方面，与国际同行的交流也给了我们很多启发。包括与皮凯蒂（Thomas Piketty）领衔的世界不平等数据库（WID）团队、国际货币基金组织全球债务数据库（Global Debt Database，GDD）主要负责人芭迪亚（M. Moreno-Badia）女士领衔的团队以及著名中国问题专家诺顿（Barry Naughton）教授的交流。国际同行提供了新的视角和方法，这样有助于我们在国家资产负债表编制过程中既考虑国际标准，也考虑中国国情，从而在国际比较时能够较好地把握分寸。

　　截至目前，我们已经编制了自 2000—2019 年共 20 年的中国国家资产负债表，这些数据成为分析研判国家能力、财富构成与债务风险的权威依据。特别值得一提的是，我们的国家资产负债表数据已经进入国际知名的 CEIC 数据库，这一方面拓展了相关数据的传播使用，另一方面也扩大了我们在该领域的国际话语权。

　　本书由国家资产负债表研究中心（CNBS）诸位同仁共同完成，刘磊博士在数据整合与协调方面做了大量工作，最后由本人负责统稿和修订。国家资产负债表研究项目成为团队合作的榜样，并且每次编制都会有新生力量加入，相应地，团队规模也在不断壮大。全书章节分工如下：第 1 章（张晓晶、刘磊、邵兴宇），第 2 章（李成），第 3 章（汤铎铎、郭建成、李正），第 4 章（刘学良），第 5 章（刘磊），第 6 章（张莹），附录 1（李成）。

　　感谢中国社会科学出版社赵剑英社长一直以来对国家资产负债表系列著作出版的大力支持，感谢副总编王茵、责任编辑王衡的辛勤付出！

　　都说"十年磨一剑"。相信我们这柄国家资产负债表之剑，经过十年的磨砺，锋芒已现。

张晓晶

2020 年 12 月